Fr. Ricardo Ferreira dos Santos, ofm

Eucaristia e Igreja em são Boaventura:

Fr. Ricardo Ferreira dos Santos, ofm

Eucaristia e Igreja em são Boaventura:

Aspectos de sua eclesiologia eucarística

CREDO EDICIONES

Imprint
Any brand names and product names mentioned in this book are subject to trademark, brand or patent protection and are trademarks or registered trademarks of their respective holders. The use of brand names, product names, common names, trade names, product descriptions etc. even without a particular marking in this work is in no way to be construed to mean that such names may be regarded as unrestricted in respect of trademark and brand protection legislation and could thus be used by anyone.

Cover image: www.ingimage.com

Publisher:
CREDO EDICIONES
ist ein Imprint der / is a trademark of
International Book Market Service Ltd., member of OmniScriptum Publishing Group
17 Meldrum Street, Beau Bassin 71504, Mauritius

Printed at: see last page
ISBN: 978-613-1-77286-3

Eucaristia e Igreja em São Boaventura: Aspectos de sua eclesiologia eucarística

Fr. Ricardo Ferreira dos Santos, ofm.

ÍNDICE

INTRODUÇÃO

A Eucaristia tem um lugar especial na eclesiologia de São Boaventura. O doutor seráfico não chega a sistematizar eclesiologia da Eucaristia. Entretanto, em seus escritos encontramos numerosas referencias à relação entre Igreja e sacramento da Eucaristia. O santo doutor foi um dos últimos teólogos, desde o século XI, a pensar a relação entre Eucaristia e Igreja[1], mantendo o vínculo vital e fundamental entre estes dois mistérios, conforme a tradição dos padres da Igreja.

Para o doutor franciscano os sacramentos e de modo especial a Eucaristia realiza o corpo místico de Cristo, que é a Igreja. Não podemos pensar um mistério sem o outro. A Eucaristia nasce na Igreja e, por sua vez, a Igreja vive e se consuma na Eucaristia. A Eucaristia encontra um lugar especial na eclesiologia do santo franciscano. Ele não desenvolve um tratado dogmático completo e definido, mas de modo rico e abundante aprofunda esse tema em vários trechos de suas obras ou em trabalhos relacionados especificamente a questão do sacramento da Eucaristia.

Nosso propósito é aprofundar a relação entre Igreja e Eucaristia, considerando aspectos de sua doutrina eucarístico e eclesiológica.

Que aspectos teológicos se apresentam na mútua e profunda relação entre Eucaristia e Igreja? Qual o lugar da Eucaristia na vida da Comunidade eclesial? E quais são os seus efeitos ou frutos?

Para tanto procederemos do seguinte modo:

Primeiro, refletiremos o mistério da Eucaristia como sacramento instituído por Jesus, cujo sinal eficaz simboliza e realiza a Igreja.

Em segundo lugar, refletimos sobre o lugar da caridade como virtude unitiva, transformativa e constitutiva da relação Eucaristia e Igreja.

Em terceiro, consideramos a Eucaristia como "alimento" que sustenta, une e conserva a unidade e a vitalidade da Igreja.

---

[1] MAIO, Maria Teresa. *Sacramento de la eucaristia: sacramento de comunión según san Buenaventura*, in, Roma, Antonianum, v. 79, n. 1, 2004, p. 3.

Em quarto, refletimos o mistério eucarístico como verdadeiro sacrifício que cura e restaura aos membros do corpo místico de Cristo. Como sacrifício da Nova Aliança, a Eucaristia é sinal da unidade dos fiéis com Cristo porque participam de um mesmo e úncio sacrifício.

Em quinto lugar, refletimos sobre a Eucaristia como sinal eficaz da unidade figurada em muitas imagens usadas por são Boaventura.

E, por fim, aprofundamos a Eucaristia como sinal e causa da comunhão no corpo místico de Cristo que é a Igreja. Este sacramento que é o mais excelente entre todos pela ação do Espírito Santo que opera a virtude da caridade une os fiéis a Cristo cabeça, incorporando-os ao seu corpo místico e, por conseguinte, realiza a união recíproca entre os membros, fazendo da Igreja verdadeira comunidade e comunhão de amor, tornando-a viva e dinâmica em suas relações de fraternidade e solidariedade para com o próximo, afetando todos os membros da Igreja, seja no céu ou na terra. Essa doutrina encontra ecos na atualidade, especialmente no Vaticano II.

1. Eucaristia como sacramento

Segundo o doutor franciscano, a Eucaristia, instiuída por Cristo, no mistério de sua Paixão é o sacramento da Nova Aliança, do tempo da graça revelada ou da Verdade de Cristo[2].

Em sua doutrina eucarística de modo especial quando relaciona a Eucaristia com o corpo místico de Cristo, isto é, a Igreja está perpassada pelo pensamento paulino[3]. A eclesiologia eucarística do doutor seráfico se fundamenta especialmente nas cartas paulinas que refletem essa relação entre Eucaristia e Igreja. Implicitamente ou explicitamente encontramos em seus escritos referencias à primeira carta aos Corintios que considera a Eucaristia como sacramento da unidade ou sacramento da comunhão[4]. Portanto, a exegese paulina muito influencia a doutrina eucarística de são Boaventura.

São Paulo ao falar da Igreja usa a imagem "corpo de Cristo"[5]. E também ao falar da Eucaristia se refere a "corpo de Cristo"[6]. Neste sentido, relaciona o corpo eclesial do

---

[2] BUENAVENTURA. Brev. p. 6 n. 3, in: *Obras de San Buenaventura*, t. I, Madrid: BAC, 1945, p. 471.
[3] Cf. MAIO, Maria Teresa. *L' Eucaristia segno sacramentale ed eficace dell'unita della chiesa nel pensiero di san Bonaventura*, in, Roma. Miscellanea francescana, t. 105, 2005, p. 10-11.
[4] 1 Cor 10, 16-17; 12, 12-13.
[5] 1 Cor 11, 24.

povo de Deus ao corpo de Cristo eucarístico. Segundo são Paulo, um mistério aponta para o outro. Neste sentido, um não pode se realizar sem o outro. Portanto, o mistério da Eucaristia inclui o mistério da Igreja e vice e versa. A Igreja é a Comunidade dos fiéis que se reúne para celebrar a Eucaristia. Esta última, por sua vez, é o sinal visível e eficaz da unidade de todo corpo místico de Cristo.

Mas o que significa segundo são Boaventura "sacramento" (sacramentum)? Segundo o doutor seráfico, os sacramentos são sinais e causa da graça[7]. São sinais sensíveis, visíveis, palpáveis; objetos de nossos sentidos. O sinal sacramental é instituído para significar[8]. Além disso, são "eficazes", porque deles se serve o redentor para sanar e salvar o homem. Os sacramentos são "remédios medicinais".

Considerando o pensamento de Ugo de São Vitor, afirma São Boaventura que os sacramentos:

"... representam por meio da semelhança; significam por meio da instituição; conferem por meio da santificação alguma graça espiritual"[9].

Na compreensão dos sacramentos é necessário considerar o significado simbólico e a eficácia. Eles não só sinalizam uma realidade, mas conferem a graça. Os sacramentos são sinais sacramentais e eficazes da Igreja. Eles integram dois elementos: o significativo da salvação e o produtivo da graça[10]. Os sacramentos foram instituídos para significar e santificar, afirma o doutor franciscano[11].

Eles possuem um fim terapêutico, visto que curam o homem pecador:

"...os sacramentos são sinais sensíveis, instituídos divinamente como medicamentos"[12].

E continua:

"... sob o véu da realidade sensível, a divina vontade opera secretamente"[13].

---

[6] 1 Cor 12, 27.
[7] Brev. p. 6 n. 4, in, *Obras de San Buenaventura*, t. I, Madrid: BAC, 1945, p. 433.
[8] IV Sent. d. 8 p. 1 a. 1 q. 3 concl. (IV 183 b). BONAVENTURA, 10 vol. Quaracchi, 1882-1902.
[9] Brev. p. 6 c. 1 n. 2 (BAC I 432).
[10] MAIO, Maria Teresa. *L' Eucaristia segno sacramentale ed eficace dell'unita della chiesa nel pensiero di san Bonaventura*, p. 7.
[11] Brev. p. 6 c. 1 n. 3 (BAC I 433).
[12] Brev. p. 6 c. 1 n. 2 (BAC I 432).

Os sacramentos possuem medicina eficaz. Não somente curam, mas fortalecem o homem em sua jornada terrestre. Não somente fortalecem, mas unem o fiel a Cristo e os fiéis entre si de modo que haja verdadeira comunhão no corpo místico. Daí porque o doutor franciscano chama a Eucaristia de "sacramentum communionis"[14]. Para são Boaventura, a Eucaristia é um sacramento, o mais excelente de todos os sacramentos.

Para o doutor seráfico, o sacramento realiza o que figura[15]. Ele declara que o sinal (signum) conduz ao significado (signatus), como caminho à meta, a figura à verdade, o imperfeito ao perfeito[16]. Neste sentido, as espécies eucarísticas do pão e do vinho são sinais e simbolos que constituem e manifestam a perfeição do corpo místico de Cristo.

O seráfico doutor segue a doutrina de Hugo de São Vitor sobre a dupla "res": o corpus Christi verum e o corpus mysticum[17]. O corpus Christum verum (a Eucaristia) é o sinal e causa do corpus mysticum (corpo místico). Por sua vez, "corpus Mysticum" significa o "res" do Corpus verum.

Já as espécies sensíveis são ao mesmo tempo sinais do corpus Christi verum e do Corpus Mysticum[18]. A Eucaristia é sinal porque significa e realiza a união dos fiéis com Cristo e dos membros entre si, em virtude da caridade. A Eucaristia na qualidade de sacramento assim como o seu significado estão intimamente relacionados ao corpus mysticum.

A Eucaristia não somente figura, mas também é causa do corpo místico de Cristo. Ela realiza eficazmente o que significa. Trata-se do principio geral dos escolásticos que os sacramentos realizam o que significam. Deste modo, a Eucaristia realiza o corpo místico, une e incorpora os seus membros a Cristo, cabeça e aos membros entre si. Transforma e conserva a graça de quem participa devotamente. A Eucaristia é o sacramento da Comunidade, do amor e da comunhão segundo são Boaventura.

---

[13] III Sent. d. 40, dub. 3 resp. (III, 895 a).
[14] Brev. p. 6 c. 9 n. 2 (BAC I 469).
[15] Brev. p. 6, c. 9 n. (BAC I 469).
[16] Brev. p. 6, c. 2, n. 4 (BAC I 439).
[17] IV Sent. d. 8 p. 2 a. 2 q. 1 (IV 184 b).
[18] IV Sent. d. 8 p. 2 q. 1 concl. (IV 196 a).

Um efeito especial do alimento eucarístico referente ao corpo místico se dá através de sua "vis conexiva" (virtude unitiva)[19]:

"O Senhor converte então o sacramento do cordeiro em sacramento do pão porque este é o alimento mais comum e natural e, ao mesmo tempo, exprime a virtude nutritiva e unitiva entre o corpo de Cristo verdadeiro (in corpore Christi vero) e o corpo místico".

A virtude vinculante e unificante é o verdadeiro corpo de Cristo[20], e dela procede fides e caritas (fé e caridade), especialmente a caritas. Já a forma externa da Eucaristia contém uma confirmação de seu efeito unificante. Pois, sugere o corpo místico, isto é, a Igreja, que se compõe de muitos fiéis para a vida eterna assim como de muitos grãos e uvas, compara são Boaventura[21].

O corpo místico é o "res signata" (realidade significada) da Eucaristia[22]. Isto sugere a forma externa que causa o corpus Christi verum, a saber, a unificação do corpus mysticum no modo que os membros são analogamente reunidos reciprocamente na unidade da fé e da caridade[23]. Assim para que haja sacramento é necessário o sinal externo e visivel e a ação interior da graça mediante as virtudes.

Assim existe profunda relação entre significatio e eficiência (efficientia) na matéria, corpus verum e corpus mysticum. As espécies visíveis (species visibilis) constituem o sinal (signum) do corpus verum (Eucaristia) e do corpum mysticum (Igreja). Este corpus Christi é a res da species visibilis (espécies visíveis), depois o signum (sinal) do corpus Christi mysticum e, ao mesmo tempo, a causa do corpus mysticum. O corpus mysticum é a res do corpus Christi verum e a veritas das species visibilis (verdade das espécies visíveis), isto é, a realização da virtude interior através da forma externa. Para são Boaventura "pão e vinho" simbolizam melhor a unidade do corpo verdadeiro e místico de Cristo[24].

[19] In Luc. c. 22 n. 25 (VII, 546a).
[20] Brev. p. 6 c. 9 n. 3 (BAC 469).
[21] Praep. miss. c. 1 n. 2 in fine, in: *Obras de San Buenaventura*, t. 2, Madrid: BAC, 1947, 691; cf. IV Sent., d. 12 p. 1 a. 3 q. 3 in corp. (IV 286a).
[22] III Sent. d. 6 dub 1 in resp. (III, 164a).
[23] IV Sent. d. 8 p.2 a. 2 q. 1 ad 1 (IV, 196a).
[24] Brev. 6 n. 4 (BAC I 471).

Segundo o doutor franciscano, as espécies não somente figuram, mas contém e o verdadeiro corpo de Cristo[25]. Ele não está contido na agregação da matéria dos sinais sensíveis, mas pela consagração das espécies do pão e do vinho se faz presente e atuante sacramentalmente. O Senhor opera conferindo o dom da graça à Igreja como um todo e a todos os fiéis.

O efeito principal da Eucaristia é a conservação da unidade e da vida do corpo místico. E essa união dos membros com Cristo é realizada por meio dos sacramentos, especialmente a Eucaristia:

"a res dos sacramentos não se refere ao corpo místico em razão das partes, mas em razão do todo. Esta união é graça e efeito dos sacramentos"[26].

A unidade com Cristo que realiza a vida do corpo místico assim como a conservação dessa vida se dá através do alimento eucarístico. Por conseguinte, são Boaventura explica a conservação da unidade com Cristo como "res" da Eucaristia. Deste modo, encontramos aí o principal efeito da Eucaristia.

Cristo se faz realmente presente na Eucaristia de modo integral pela consagração do pão e do vinho. Após a sua ressurreição e ascensão, Ele se encontra na glória, de modo que o contato com Ele só é possível por meio dos sinais sensíveis. Cristo se prolonga de forma místico-sacramental, cuja presença se estende no tempo e no espaço de modo que não há limites para a sua presença e atuação. Ele está em cada pessoa seja qual for o tempo ou lugar, especialmente, através dos sinais sensíveis do pão e do vinho na Eucaristia[27].

Cristo, cabeça do seu corpo místico, está sempre ali onde os fiéis se reúnem para celebrar a Eucaristia em qualquer lugar do mundo. A Igreja se realiza quando a comunidade se reúne para celebrar a Eucaristia com o seu bispo e o seu presbitério em determinado lugar[28].

---

[25] Ibid.
[26] IV Sent. d. 8 p. 2 a. 2 q. 1 concl. (IV, 196).
[27] IV Sent. d. 10 p. 1 a. un. q. 4 (IV, 232-234); POMPEI, Alfonso. La Eclesiología Franciscana, in, MERINO, José Antonio e FRENESDA, Francisco Martinez. *Manual de Teología Franciscana*, Madrid: BAC, 2003, p. 218.
[28] POMPEI, Alfonso. La Eclesiología Franciscana, in, MERINO, José Antonio e FRENESDA, Francisco Martinez. *Manual de Teología Franciscana*, p. 218.

Mediante o mistério da encarnação, na união da natureza divina com a humana, Cristo continua no espaço e no tempo, sob as espécies do pão e do vinho, sem se dividir ou se multiplicar, sendo a única cabeça presente em diversos homens, diferentes pessoas, em diversos lugares e culturas[29]. Portanto, a Eucaristia permite essa universalização da presença de Cristo.

Segundo o doutor seráfico, todos os sacramentos têm uma dimensão eclesial, especialmente a Eucaristia. Não podemos pensar a Eucaristia sem a sua relação vital com a Igreja. Um mistério aponta e realiza o outro. Daí porque os sacramentos e, de modo especial, a Eucaristia realizam a Igreja enquanto a Igreja realiza os sacramentos.

"A Igreja administra este sacramento e, por sua vez, ela a constitui e se realiza na Eucaristia; quer dizer, a Igreja recebe os frutos do sacramento que ela mesma realiza"[30].

A Igreja é uma sociedade criada pela recepção dos sacramentos, especialmente, pelo sacramento da Eucaristia. Ela

"está constituída, fundada, edificada, santificada mediante a fé e os sacramentos da fé"[31].

Entre todos os sacramentos segundo o doutor franciscano, a Eucaristia é o sacramento que mais expressa a eclesialidade.

Essa idéia vem de santo Agostinho e dos padres gregos. Eles vêem a origem da Igreja como fruto da Paixão de Cristo, que adormecido na cruz, do seu lado aberto pela lança, fluiu sangue e água, simbolizando o nascimento da Igreja e dos sacramentos, pelos quais a Igreja é fundada e constituída[32].

Mas qual é a razão deste sacramento? Porque foi instituído?

Segundo o doutor franciscano, neste sacramento Deus manifestou a sua sabedoria, clemencia e providencia[33]. Por causa de sua congruidade, a Eucaristia é o sacramento mais adequado à realidade dos membros do corpo místico. Tal é a razão

---

29 POMPEI, Alfonso. Ibid. p. 218-219.
30 MAIO, Maria Teresa. p. 15.
31 POMPEI, Alfonso. Ibid. p. 214
32 POMPEI, Alfonso. Ibid.; cf. Lig. Vit. 30 (BAC II 303-303)
33 Feria quinta in coena Domini. Sermo 5 (IX 258).

pelo qual foi instituído. A Eucaristia é obra providencial de Deus que quer responder as necessidades existenciais do povo de Deus. Daí porque Ele nos dá a Eucaristia como sinal da memória da redenção humana, como viático de reparação e vínculo unitivo da afeição humana.

Deus concede o dom da Eucaristia ao ser humano em vista de sua realidade pecadora. Este sacramento é sacrífício oferecido a Deus, sinal da memoria da redenção humana para o perdão dos seus pecados veniais. Igualmente, Ele nos dá a Eucaristia por causa da diversidade das vontades. São muitos os membros e a diversidade de situações e também de carismas e dons. Além disso, tal sacramento existe em vista da unidade dos membros do corpo místico. A Eucaristia é sacramento de comunhão; vínculo unitivo da afeição humana. E segundo a sabedoria e a clemencia de Deus é dada por causa da situação de fraqueza e debilidade do ser humano. A Eucaristia é o sacramento dos peregrinos, isto é, do povo que está a caminho. Daí porque necessitam de um viático de reparação. Em síntese tal é a razão da trilogia eucaristica de são Boaventura.

E, por fim, a Eucaristia é sinal da unidade e Sacramento de união em razão da eficiência da graça comunicada, porque é o verdadeiro corpo de Cristo, cuja carne imaculada une os membros da Igreja entre si e a Cristo cabeça, através da virtude da caridade[34]. Com efeito, segundo o doutor franciscano, mediante a virtude da caridade, a Igreja é realmente Igreja da Eucaristia.

2. A Eucaristia e a virtude da caridade

Como vimos anteriormente há uma relação profunda entre Igreja e Eucaristia; Corpus misticum et corpus verum[35]:

"Dizendo que nós somos realidade (res) dos sacramentos não simplesmente, mas enquanto somos membros, ou enquanto estamos unidos à cabeça; cujo sacramento significa a união do corpo de Cristo em relação aos membros entre si e a cabeça. Portanto, quando nos une a si realiza em nós essa união porque nos manifesta a realidade do sacramento, cuja unidade vai crescendo diariamente em nós e se aprofundando à medida que o recebemos devotamente".

---

[34] Brev. p. 6 c. 9 n. 3 (BAC I 469).
[35] IV Sent. d. 9 dub. 4 resp. (IV, 213 a).

Por conseguinte, o corpo místico de Cristo e a Eucaristia tem relação íntima com a caridade (caritas)[36]. Ela não é somente o ato da caridade de Cristo ou o dom da caridade ao homem, mas existe em referência à virtude da caridade[37]. A caridade é Deus mesmo em sua atitude de amor misericordioso e condescendente para conosco que continua e abundantemente se nos dá a si mesmo. Afirma o doutor seráfico:

"... Daí porque neste sacramento se contém o verdadeiro corpo de Cristo e sua carne imaculada pura nos comunica e nos une mutuamente e nos transforma em si por aquela ardentíssima caridade pela qual se deu a nós, se sacrificou por nós até o fim do mundo"[38].

A "caritas" aparece no pensamento do doutor franciscano como o verdadeiro vínculo do corpo místico. A Eucaristia é o sacramento da caridade (sacramentum caritatis)[39]; sinal e realização eficaz do amor:

"sinal e sacramento do amor e vínculo da caridade"[40].

A caritas é vinculo indivisível, visto que é virtude unitiva[41]. É mediante a virtude da caridade que a participação na Eucaristia enquanto *manducare sacramentaliter et espirtualiter* (comer sacramental e espiritual) realiza a incorporação à Cristo e a unidade dos membros entre si.

Os efeitos da Eucaristia que realizam a Igreja é resultado da virtude da caridade que segundo são Boaventura é a mais excelente de todas as virtudes. Ela possibilita essa ponte ou ligação (unio) entre Eucaristia e Igreja. Sem a caridade não há Eucaristia nem tampouco a Igreja. A Eucaristia aperfeiçoa a comunhão que foi iniciada no batismo. Para que haja comunhão não basta somente a fé que recebemos no batismo, é preciso que ela seja aprofundada mediante a caridade que nos é dada na Eucaristia. Por meio da Eucaristia, a caridade nos dilata ao amor ao próximo. Ela não é somente virtude transformativa, ou unitiva, ou difusiva, mas criadora de laços de fraternidade e

---

[36] BERRESHEIM, Heinirich. *Christus als Haupt der Kirche nach dem heiligen Bonaventura*. Münster: Antiquariat Th. Stenderhoff, 1983, p. 299.
[37] IV Sent. d. 8 p. 1 a. 2 q. 1 in corp. (IV 184b).
[38] Brev. p. VI c. 9 n. 3 (BAC I 469).
[39] In Luc c. 11 n. 31 (VII 286 b).
[40] *"Signo et sacramentum amoris e vinculum caritatis"*. IV Sent. d. 8 p. 1 a. 2 q. 2 sol opp 4 (IV 186b); Ibid. q. 1 concl. (IV 184 b).
[41] Brev. p. 4 c. 5 n. 6 (BAC I 351).

serviço[42]. A Eucaristia aumenta a caridade que, por sua vez, une e edifica o corpo místico de Cristo, isto é, a Igreja.

Segundo são Boaventura, a virtude da caridade atua o vínculo da caridade[43]. Essa virtude nos dispõe à caridade[44]. No dispor nosso amor ao próximo, a Eucaristia tem profunda relação com a comunidade do corpo místico de Cristo[45]. A Eucaristia e o corpo místico estão em íntima relação ou vínculo profundo em virtude da caridade. Daí porque a Eucaristia é o sacramento da comunidade do amor[46]. O sacramento do altar inflama a alma de amor de modo a experimentar dignamente a caridade[47]. Afirma o doutor seráfico que a caridade nos alimenta porque reside nela faculdade que realiza a união[48].

O vínculo com Cristo pode aumentar através das virtudes teológicas e fortalecer a graça e aprofundá-la. Neste sentido, a Eucaristia aumenta ou faz progredir a caridade em duplo modo: um acidental e outro substancial[49]. Entretanto, esta dupla distinção não está clara e é pouco discutida pelo doutor seráfico, afirma Silic. Ele explicita mais o aumento acidental, afirmando que a Eucaristia aumenta o ardor da caridade e enraiza o amor mais profundamente na alma à semelhança de um carvão aceso[50]. Porém, pouco esclarece sobre o modo desse crescimento substancial[51]. O que sabemos é que segundo o doutor franciscano o aumento acidental e substancial são dois aspectos importantes de um mesmo aumento da caridade mediante a Eucaristia. Não basta considerar apenas o crescimento acidental, mas também substancial da caridade, afirma.

São Boaventura ressalta de modo implícito o caráter substancial do aumento da caridade em relação à Eucaristia. Neste sentido, à luz do ensinamento de são Boaventura tal aumento gradual afeta não somente a pessoa do fiel, mas também toda Igreja.

---

[42] Cf. MAIO, Maria Teresa. *Sacramento de la eucaristia: sacramento de comunión según san Buenaventura*. p. 40.
[43] IV Sent. d. 8 p. 1 a. 2 q. 1 in corp. (IV, 184 b).
[44] Brev. p. 6 c. 3 n. 3 (BAC I 441).
[45] Brev. p. 5 c. 8 n. 5 (BAC I 419).
[46] Cf. BERRESHEIM, H. *Christus als Haupt der Kirche nach dem heiligen Bonaventura*. p. 300.
[47] Sermo CorChris n. 3 (BAC II 620).
[48] In Joan c. 7 n. 83 (VI 328).
[49] SILIC, P. Rufin. *Christus und die Kirche: Ihr Verhältinis nach der Lehre des heiligen Bonaventura*, Breslau: Verlag: Müller e Seiffert, 1938, p.197-199.
[50] IV Sent. d. 12, p. 2, a. 1 q. 3, corp. (IV 293 a b). SILIC, P. Rufin. *Christus und die Kirche: Ihr Verhältinis nach der Lehre des heiligen Bonaventura, p. 198.*
[51] SILLIC, Rufin. Ibid.

Para o doutor seráfico o aumento substancial da caridade é um efeito comum a todo sacramento, especialmente da Eucaristia[52]. Esse aumento da caridade é o efeito mais importante que a Eucaristia realiza no corpo místico de Cristo. Na intensidade desse aumento, os membros se unem mais intimamente ao corpo místico de Cristo e, por consequência, se unem mais entre si. Porque a marca distintiva da caridade é a virtude unificante. Quanto maior a unidade, maior o vínculo, mais se possui a caridade[53]. Neste sentido, realiza o simbolismo mais importante da figura eucarística. A Eucaristia é um alimento mais adequado para simbolizar e realizar o corpo místico de Cristo[54].

São Boaventura considera a relação intima entre Igreja, Eucaristia e caridade (caritas) e afirma que a Eucaristia reconduz ao dogma da presença real de Cristo na Eucaristia à profissão de fé na unidade da Igreja[55].

Afirma o doutor seráfico[56]:

"Porque é dito na primeira carta do apóstolo: Portanto, irmãos, eu vos deleito no Senhor. Nele restaura a minha víscera. Isto é dito porque se mostra a caridade a qual possui Cristo. Víscera da caridade tomada de outro coração. Portanto, a caridade de Cristo nisso aparece porque a porção da mesma comida nós comemos com Cristo. E nisso está o vínculo da unidade"[57].

Portanto, quem participa da Eucaristia não somente compartilha do mesmo alimento, mas também da caridade que é de Cristo a qual Cristo nos comunica. Nisto afirma o seráfico doutor está o vínculo da unidade. Víscera é o núcleo ou essência que se encontra no corpo de Cristo; são as entranhas onde se encontra o coração. Portanto, a caridade é a virtude que se encontra na essência da comunhão da Igreja. É o vinculo interior do Espírito Santo que não uniformiza, porque não vilolenta a individualidade, mas une as diferenças em um só e mesmo corpo.

---

[52] SILLIC, Rufin. 199.
[53] IV Sent. d. 12, p. 2, a. 1 q. 3, corp. (IV 293 a).
[54] SILLIC, Rufin.199.
[55] III Sent. d. 25 a. 1 q. 1 ad 3 (III, 537 a).
[56] 1 Cor 10, 1. 3-4.
[57] Feria Quinta in coena Domini. Sermo 5 (IX 258 a).

Daí porque esta refeição não somente nos restaura e nos une em vínculo de concordia social, mas nos enche de alegria espiritual[58]. Igualmente, o comer eucarístico ou a participação na ceia do Senhor consuma os anseios ou desejos da alma santa[59]. Afirma o doutor franciscano: quanto maior o amor, maior a fruição das delícias. Tanto maior é o amor e a união, muito maior é a delícia. Neste sentido, a alma jamais encontra prazer no mundo, mas somente em Cristo[60]. A refeição eucarística é uma restauração que nutre suavemente por meio da alegria espiritual[61].

A Eucaristia não somente faz crescer a caridade nos membros e no corpo místico, mas atua na caridade. Através da Eucaristia, operada pela caridade, causa a "unio". Esta acontece de dois modos: causa a união dos membros com Cristo e realiza a união dos membros entre si. A Eucaristia, intimamente ligada à virtude da caridade, atua na união dos membros do corpo místico com Cristo cabeça e, por conseguinte, dos membros entre si. Neste sentido, a Eucaristia é o sacramento da comunidade do amor[62]. Isto porque, a caridade está na raiz da vida em comunidade.

Além disso, a Eucaristia, mediante o dom da caridade possui virtude de crescimento progressivo. Ela faz com que os membros bem como todo corpo místico possam crescer em unidade, comunhão e solidariedade. A Eucaristia é o sacramento que dispõem, excita e opera a caridade.

Segundo o doutor franciscano, não podemos nos aproximar da Eucaristia a não ser em virtude da caridade. Tal exigência é necessária para que comumguemos da Eucaristia dignamente, podendo assim operar em nós os seus efeitos e frutos, cuja finalidade é nos conduzir a perfeita unidade da Igreja. Devemos nos aproximar da Eucaristia, inflamados em nosso coração com o fogo da caridade[63].

Segundo são Boaventura:

"... por este fogo se entende a caridade, o qual, segundo o mandato do Senhor há de arder sempre na ara de nosso coração"[64].

---

[58] Ibid.
[59] Ibid.
[60] Ibid.
[61] Ibid.
[62] BERRESHEIM, Heinrich. *Christus als haupt der Kirche nach dem heiligen Bonaventura*. p. 307.
[63] Praep. miss. n. 13 p. 3 (BAC II 703).
[64] CorChris. N. 27 (BAC II 639).

Em última análise, o Espírito Santo que opera nos sacramentos, especialmente na Eucaristia, nos concede a caridade e opera em virtude da caridade, purificando, unindo e tranformando os fiéis em Cristo. Segundo o doutor franciscano há íntima relação entre o Espirito Santo, a caridade e Eucaristia. O próprio Espírito Santo é chamado de "caridade"[65]. É o Espírito Santo quem aperfeiçoa ou finaliza a Eucaristia, produzindo os seus efeitos, operando os seus frutos pela graça santificante.

Segundo o doutor seráfico, enquanto no batismo, o Espírito Santo atua interiormente com os seus dons e virtudes, incorporando ao corpo místico, por conseguinte, opera exteriormente, manifestando a Igreja visível na terra, na Eucaristia operando a caridade, aperfeiçoando a comunhão no corpo místico, unindo os membros a Cristo e os fiéis entre si, fazendo da Igreja lugar da vida em fraternidade.

Declara o doutor seráfico:

"formamos um só corpo, comungamos do mesmo alimento, somos gerados numa mesma entranha no seio da mãe Igreja em virtude do batismo pelo Espírito Santo, temos uma só herança"[66].

A caridade em virtude do Espírito Santo possui não somente virtude unitiva, mas também inflamativa e transformativa. Como virtude unitiva opera a unidade no corpo místico, como virtude inflamativa opera a caridade para com Deus e ao próximo e como virtude transformativa opera a transformação interior do homem em Cristo.

3. A Eucaristia como alimento

Conforme a sabedoria do Senhor, que se manifestou na historia, realizando maravilhas, o sacramento da Eucaristia foi instituído e querido por Deus, como comida e alimento[67]. A Eucaristia prefigura o "maná" dado por Deus sob a liderança de Moisés ao povo peregrino no deserto, no tempo do Antigo Testamento. O maná dado como alimento material e temporal ao povo da antiga Lei é figura do verdadeiro pão, celeste e espiritual[68].

[65] "*... Spiritus sanctus est summa caritas...*". Pent. Sermo 1 (IX 331 a).
[66] DSSt., col. 3, n. 13 (BAC V 471).
[67] In Coen. Dom. n. 11 (BAC II 667).
[68] In Joan c. 7 n. 53 (VI 327).

Para o doutor franciscano, a Eucaristia é o alimento do povo de Deus; *"alimento comum e espiritual"*[69], na qual Cristo se dá como alimento, *"a carne do Verbo é alimento comum e salutar"*[70]. Trata-se de alimento popular, tomado da vida cotidiana do povo. Este alimento confere a vida espiritual[71].

O *"novo banquete nupcial"* de Cristo com a sua Igreja[72]. Por meio dela, Cristo está na Igreja sacramentalmente presente - por conseguinte, de modo exterior e visivel a nós (extra nos) e que se manifesta no sacramento do altar[73]. É alimento dado para todos os fiéis[74]. E comum a todos[75]. A Eucaristia foi instituída para alimentar todos aqueles que foram gerados no batismo e revigorados pelo sacramento da confirmação[76].

Este alimento da Eucaristia segundo o doutor franciscano é o *"leite dos pequenos"*[77]. Cristo é a comida divina e celestial:

"Enquanto Verbo do Pai é comida dos anjos, segundo Santo Agostinho; o Verbo feito carne, é comida dos pequenos"[78].

Afirma São Boaventura que o Verbo, que é pão dos anjos, desceu à carne e tornou-se leite para os pequenos[79]. Tal conceito de sto. Agostinho se inspira na primeira carta de Paulo ao Corintios que diz[80]:

"... (irmãos) dei-vos a beber leite, não vos dei comida porque ainda não podíeis suportá-la...".

Este alimento realiza a continuidade e a atualidade da encarnação do Senhor. Ele contém o Cristo total sob as espécies eucarísticas, verdadeiro homem e verdadeiro Deus. Daí porque alegoricamente o doutor seráfico pensa a Eucaristia associada ao mistério do Natal do Senhor ao comparar o presépio ao sacramento da Eucaristia. Segundo ele, Belém é a casa do pão. E Jesus é o pão, segundo o evangelho de João: "Eu sou o pão

---

[69] "*(Corpus) cibus spiritualis est et communis"*, Brev. p. 6 c. 9 n 3 (BAC I 469).
[70] "*Caro Verbi ... cibus est communis et salutaris..., cibus communis* na Igreja". IV Sent. d. 8 p. 2 q. 1 in corp. (IV 196 a)...
[71] In Joan c. 6 n. 94 (VI, 335).
[72] In circum. Dom. (BAC II 363).
[73] De Ann. B. Virg. M. sermo 3, coll. (BAC IV 771); Epifh. sermo 3 (IX, 158a).
[74] De Ann. B. Virg. M. sermo 4 (BAC IV 787).
[75] Dom. IX. Post Pent. Sermo 1 (IX, 388 b).
[76] Brev. p. 6 c. 9 n. 2 (BAC I 467).
[77] In Jo. c. 6 v. 33 n. 49 (VI 326 b); Serm. Chris. Magis. n. 13 (BAC I 689).
[78] In circum. Dom. (BAC II 364).
[79] In Joan c. 7 n. 49 (VI 326).
[80] 1 Cor. 3, 2. In, BIBLIA SAGRADA. Edição da família, 50ª. ed. Petropolis: Vozes, 1982, 2001.

vivo". Este pão hoje é colocado sobre o presépio do altar onde Cristo nas espécies de pão e vinho se oferece em sua divindade e humanidade. Os pastores, por sua vez, são os sacerdotes que confecionam este sacramento[81].

Igualmente em sua exegese do evangelho de são João no qual ressalta algumas vezes que Cristo é o pão vivo descido do céu, que veio à carne e se tornou nosso alimento, sugere a Eucaristia como mistério da encarnação do Senhor que se prolonga e continua no presente. Assim como Cristo, o Verbo encarnado desceu a carne humana também acontece na Eucaristia, o Verbo continua a descer e a se fazer nosso alimento.

Trata-se da expressão do amor de Deus que em seu Filho se humilha, se abaixa para nos reconduzir a vida eterna, isto é, à plena comunhão consigo mesmo. Em outras palavras, a Eucaristia é sinal da condescedência e da misericórdia divina. Há nessa interpretação semelhança com o pensamento de são Francisco[82]. Por conseguinte, este alimento é corporal e espiritual ou celestial, interior e exterior é Cristo, verdadeiro Deus e verdadeiro homem. Portanto, se trata do sacramento que em sua eficácia se visibiliza no tempo.

Cristo no mistério de sua paixão adquiriu para si um "povo" numeroso e de membros diferentes, unindo-o em seu corpo místico. Segundo o doutor seráfico esse povo por causa do número e da distância entre si e por causa de sua situação e indigência necessita de uma "conexão" (conectans) que deveria ser realizado de modo não somente interior, pela graça das virtudes, mas também exteriormente pela graça sacramental[83]. Há, pois, necessidade do elemento não somente interior, mas também exterior capaz de estabeleçer a unidade de todo povo disperso no mundo.

A unidade interior deve também corresponder exteriormente à unidade em todos os lugares e em todos os membros, possibilitando a unificação. Isso acontece através do

---

[81] Epiph. Sermo 3 (IX 158 a).

[82] Cf. 1C 85; LM 10, 7. Segundo os seus principais biografos, Tomas de Celano e são Boaventura, Francisco compara a fé na Eucaristia à fé dos apóstolos, ao contemplar Jesus de Nazaré. Compara a Eucaristia com a manjedoura onde Cristo nasceu. O altar é uma manjedoura, onde o Filho nasce todos os dias. Em seu escrito Admoestações, são Franicsco compara a Vinda de Cristo sobre o altar à sua vinda ao seio da Virgem Maria (Ad 1, 16-18). Segundo NGUYÊN-VAN-KHANH, a relação entre encarnação e Eucaristia já encontramos nos Padres da Igreja (como por exemplo, nos Padres de Antioquia: São Gregório de Nissa e São Cirilo de Alexandria). Segundo este autor, a Eucaristia hoje é verdadeira continuação da encarnação do Senhor, pensa são Francisco. A Eucaristia tem essa função reveladora da pessoa do Pai ao celebrarmos a Eucaristia. Cf. NGUYÊN-VAN-KHANH. Nobert. *Le Christ dans la pensée de saint François d'Assis d'aprés ses écrits, Paris: ed. franciscaines,* 1989, p. 205-207.

[83] IV Sent., d. 10 p. 1 au q. 1 sol. opp 2 (IV 218 a).

verdadeiro corpo e sangue de Cristo na forma visível da Eucaristia. Ao corpo de Cristo deve ser dado um sacramento exterior, no qual todos os fiéis se unem comendo todos da mesma refeição.

A Eucaristia é o alimento da unidade, segundo o doutor seráfico:

"Porém, aquele que compreende que a unidade de Cristo é para a Igreja como o corpo é para a cabeça, e a Escritura inteira diz isto, por que assim como descem da cabeça as sensações e movimentos ao corpo, assim também os carismas da graça de Cristo que é a cabeça descem aos membros da Igreja; é necessário que sejamos um corpo e, por conseguinte, é necessário que haja uma só comida e esta comida deve se estender a todos..."[84].

A Eucaristia é o sacramento, cujo alimento é dado àqueles que pertencem ao corpo místico. É o alimento específico dos membros da Igreja. Este alimento nos une a cabeça, ou seja, a Cristo mais intimamente de modo que quem não recebe este alimento se expõem ao perigo da morte e se torna um membro seco[85]. A Eucaristia, o corpo verdadeiro de Cristo, sua carne imaculada, comunica a vida e une cada membro e todo o corpo místico[86].

A Eucaristia é o alimento salutar que sustenta a Igreja, a põe de pé, fortalece a fé; tem força a religião cristã e o culto divino[87]. Através deste sacramento Cristo está presente até o final dos tempos[88]. Deste modo, a sua presença se prolonga no tempo de modo sacramental. Este alimento confere aos membros do corpo místico a vida da graça e da glória[89]. A carne de Cristo é verdadeiro alimento e por isso comunica vida. Igualmente este sacramento conseva a vida da graça[90].

Esse efeito da Eucaristia como alimento resulta na conservação da unidade vital e orgânica do corpo místico. São Boaventura de forma breve já mencionou várias vezes[91].

---

84 In Circum. Dom. (BAC II 364).

85 Praep. miss. c. p. 3 n. 13 (BAC II 703). Cf. MAIO, Maria Teresa. *Sacramento de comunión según san Buenaventura*, p. 15.

86 Brev. p. IV c. 9 n. 3 (VI, 469).

87 Serm. Dom 9 p. Pent. 1 (IX, 388b).

88 Praep. Miss. c. 1 p. 1 n. 3 (BAC II 693).

89 In Joan c. 7 n. 72 e 74 (VI 330).

90 In cean. Dom. n. 4 (BAC II 663).

91 Brev. p. 6 c. 9 n. 1. 2 (BAC I 469); Jo c. 6 n. 92 (VI 334 b).

"Por essas espécies se nos dá (Cristo) como alimento e o que recebe dignamente, se conserva não só sacramentalmente, mas espiritualmente pela fé e caridade, se incorpora mais ao corpo místico de Cristo e se purifica"[92].

Em resumo ensina em sua obra "Da preparação para a Missa":

"Também deves notar que assim como Deus tem o cuidado do corpo de qualquer animal, provendo-lhe da comida que lhe é conveniente, do mesmo modo tem o cuidado do alimento de seu corpo místico, que é a Igreja, da qual é cabeça Cristo, o Filho de Deus. E a mesma não deve nutrir-se nem viver mais que da cabeça, de maneira que todos os seus membros, a saber, os homens justos, unidos e ligados entre si com sua cabeça Cristo, se alimentem de seu Espírito e amor por meio deste sacramento de unidade e paz. E assim como o corpo não tem vida sem a incorporação do alimento a ele apropriado, também a alma racional não tem vida sem a incorporação e ingestão desta comida espiritual que é a que convém..."[93].

A Eucaristia é o alimento do corpo místico mais apropriado aos seus membros, sem o qual não há vida nem unidade nem tampouco paz, segundo o doutor seráfico. E continua. O sacramento eucarístico é consequentemente o principio de subsistência do corpo místico de Cristo. Sem este alimento não há corpo místico, não há vida, nem crescimento na unidade da Igreja[94]. Declara o doutor seráfico que o corpo do Senhor eucarístico é o

"pasto vivificador de toda Igreja"[95].

O modo como a Eucaristia conserva e alimenta o corpo místico é fortalecendo o vinculo da unidade. O doutor franciscano mostra que a Eucaristia revigora o vínculo que une os membros entre si e com Cristo. E ao mesmo tempo a conservação desse vínculo é o alimento do corpo místico. Ele existe essencialmente nas virtudes e na graça que reproduzem a vida sobrenatural. Assim a *"vis nutritiva"* (virtude nutritiva) e a *"vis connexiva"* (virtude conectiva) da Eucaristia são um e mesmo efeito. A Eucaristia alimenta o corpo místico e, portanto, conserva e faz progredir a Igreja em perfeita unidade.

---

[92] Brev. p. 6 c. 9 n. 1 (BAC I 467).
[93] Praep. Miss. c. 1 p. 3 n. 13 (BAC II 702-703).
[94] Jo. C. 6 v. 54 n. 83 (VI 332b-333a).
[95] Serm. Chris. Magis. n. 13 (BAC I 689).

A Eucaristia é em primeiro lugar o "unum exterius connectens" (unidade de conexão exterior). A unidade interior deve corresponder também a unidade externa acessível a todos os membros, em todos os lugares. Isso acontece por meio do verdadeiro corpo de Cristo na forma sensível e visível da Eucaristia: o corpo de Cristo deverá ser dado em um sacramento visível, no qual todos os fiéis se unem enquanto comem de um mesmo alimento. Igualmente a Igreja necessita da Eucaristia como refeição exterior (exterius reficiens).

A recepção desse sacramento realiza a necessidade dos membros, que tomando deste alimento, são incorporados ao corpo místico de Cristo, podendo assim receber a influência da vida (influentia vitae) da graça da cabeça de Cristo[96]:

"Eis porque há tanta necessidade deste alimento através do qual seja qual for o membro pode receber influencia da vida da cabeça, a saber, Cristo"[97].

Neste sentido, aquele que não pertence ao corpo místico não consegue bem aproveitar o alimento da Eucaristia e, por conseguinte, receber os seus efeitos porque a Eucaristia conserva em nós a vida da graça. A Eucaristia é o alimento da vida do corpo místico. Quando não se recebe este alimento não há unidade, nem vida e nem graça.

Também percebemos na reflexão eucarística e eclesiológica do doutor franciscano dimensão social e cósmica da Eucaristia. O vínculo de unidade, fruto desse sacramento inside sobre toda a sociedade porque cura de seus males e cria vínculo de reconciliação com Deus e com os irmãos. Neste sentido, a Eucaristia é também o sacramento da paz[98]. Como efeito fundamental da Eucaristia todos os membros de Cristo recebem a paz. A Eucaristia é remédio eficaz contra as misérias do homem provocadas pelo pecado, ordenando-o segundo a graça e conduzindo-o a paz que é segundo são Boaventura o fim último dos efeitos produzidos pelo sacramento da Eucaristia[99]. O fim do ser humano em Cristo repousa na paz:

---

[96] Sermo 1 de dom. 6 p. Pent. (IX, 379a).
[97] Cf. também, IV Sent., d. 12 p. 2 in corp. (IV, 292); ibid. p. 1 a. 3 q. 3 ad 3 (IV, 286).
[98] Praep. miss. c. 1. p. 3 n. 13 (BAC II 703). Cf. MAIO, Tereza Maria. *Sacramento de la eucaristia: sacramento de comunión según san Buenaventura*, p. 31-33.
[99] Cor Chr n. 4 (BAC II 621).

"É a carne imaculada de Cristo eucarístico, que reordena ao homem preparando-o para o fruto da paz, porem, o introduz ao gozo, ao descanso e a contemplação e à paz mesma..."[100].

Segundo o doutor franciscano, a Eucaristia também é um alimento dado àqueles que são peregrinos. É a refeição dos que estão a caminho (viatores). Tal alimento é chamado de "viático". Este sacramento tem efeito reparador[101]. Porque é dada a nós em vista da reparação de nossa natureza debilitada[102]. A Eucaristia é "viaticum refectionis" e "viaticum conservativum et confortativum"[103]. Cristo nos deu este sacramento para que não desfaleçamos no caminho[104]. Ela corresponde ao tempo da graça revelada, ao nosso estado de peregrinos e a nossa capacidade[105]. Sendo viático da reparação tem dimensão escatológica. Este alimento é dado em vista da plena realização do ser humano. Em sua caminhada itinerante, a Eucaristia é alimento que restaura, fortalece e conforta.

Por fim, este alimento do povo de Deus também é dado como sacrifício que se dirige a Deus para a cura interior do ser humano ferido por causa do pecado. A Eucaristia é assim sacrifício de redenção que nos reconcilia com Deus e nos une com Cristo na comunidade da Igreja.

4. Eucaristia como sacrifício

Cristo, o Verbo encarnado, é o principio de nossa reparação, fonte e origem dos sacramentos. Ele é a fonte da graça sacramental[106]. O crucificado repara e cura o gênero humano. Ele é o "médico"[107]. Os sacramentos instituídos por Cristo têm dimensão e eficácia curativa, especialmente o sacramento da Eucaristia, pelo qual Cristo, o sumo médico, comunica a graça da saúde que o ser humano deve receber por e nos sacramentos[108]. Eles são "medicamenta perfecta"[109].

---

[100] MAIO, Maria Teresa, op. cit. p. 32.
[101] Brev. p. 6 n. 3 n. (BAC I 469).
[102] Feria quinta in coena Domini. Sermo 5 (IX 258).
[103] In Lc c. 22 n. 27 (VII, 547 b).
[104] In Coen. Dom. n. 14 (BAC II 669).
[105] Brev. p. 6 n. 3 (BAC I 469).
[106] Brev. p. 6, c. 4, n. 4 (BAC I 447).
[107] Brev. 6, c. 1, n. 3 (BAC I 433).
[108] Brev. p. 6, c. 1 n. 5 (BAC I 433-434).
[109] IV Sent. prooem. (IV, 1a).

Deste modo, segundo o doutor seráfico, a Eucaristia é o "sacramento pascal", memorial de nossa redenção[110]. Cristo, nosso principio reparador, nos deu a Eucaristia em sacrifício de oblação (sacrificium oblationis)[111].

A Eucaristia assim como todos os sacramentos se situa no tempo da Nova Lei[112]. Os sacrifícios do Antigo Testamento oferecidos em expiação dos pecados pelo povo de Israel foram aperfeiçoados no Novo Testamento no mistério da encarnação de Cristo. Com a Vinda de Cristo se manifesta a Nova Lei, tempo da graça revelada[113]. Na antiga Lei nos foi dada em figuras e promessas, sacrifícios e oblações de animais, que segundo são Boaventura eram apenas "figuras e sombras"[114]. Na nova Lei ou no tempo da graça nos é dado Cristo como único, eterno e eficaz sacrifício. Do tempo das figuras e sombras, no Antigo Testamento, se passou à "verdade", no Novo Testamento. E somente em Cristo se encontra a verdade, a realidade e a eficacia da Eucaristia como sacramento da Nova Aliança.

Por conseguinte, na última ceia, Cristo instituiu o rito do sacrifício da cruz, que devia se perpetuar na Igreja até o fim dos tempos, com o fim de associar todos os homens, de todos os tempos, a seu único sacrifício redentor[115]. O sacrifício implica a presença real de Cristo no rito eucarístico, já que não estamos mais no tempo das figuras (tempus figurae), mas no tempo da graça revelada (tempus gratiae revelatae).

No tempo da Nova Lei, os sacramentos e de modo especial a Eucaristia são memorial da Paixão do Senhor[116]. Trata-se não de simples recordação, mas de "memorial vivo"[117].

Segundo o doutor franciscano, a Eucaristia é sacrifício de oblação, dado a nós por Cristo, nosso principio reparador, em sua sabedoria e liberalidade, conforme a

---

110 In Coen. Dom. n. 5 (BAC II 664).
111 Brev. p. 6 c. 9 n. 2 (BAC I 467); sermo CorChr n. 3 (BAC II 620).
112 IV Sent. d. 10 p. 1 au q. 1 sol opp 2 (IV 218 a); Sermo Fer. 6 in Parasceve (IX 260 a); IV Sent. d. 8 p. 1 q. 3 concl. (IV 183 b). Cf. MAIO, Maria Tereza, *Sacramento de la eucaristía: Sacrificio de oblación segun san Buenaventura, in:* Miscellanea Francescana, Roma, n. 102, 2002, p. 29-30.
113 Brev. p. 6 c. 9 n. 3 (BAC I 469).
114 Preap. Miss. c. 1 § 3 n. 10, (BAC II p. 699).
115 MAIO, Maria Tereza, *Sacramento de la eucaristía: Sacrificio de oblación segun san Buenaventura,* p. 30.
116 IV Sent. proem. (IV 2 a).
117 "... et hoc est memoriale vivum...". IV Sent. d. 12 p. 2 a. 1 ad 3 (IV 290 b). Cf. COSTA, Francesco, *Simbolismo dela presenza eucaristica in s. Bonaventura*, in: San Bonaventura maestro di Vita Francescana e di Sapienza Cristiana, t. II, Roma: Ponteficia Facoltà Teologica san Bonaventura, 1976, p. 387.

exigência do tempo da graça revelada, ao nosso estado de peregrinos e a nossa capacidade. Trata-se de sacrifício puro, agradável e pleno[118]. Deste modo, o sacrificio do altar deve ter as mesmas características do sacrifício da cruz. Deve corresponder a realidade dos fiéis afetados em sua fraqueza pelos pecados cotidianos.

A Eucaristia é sacramento de "conservação". Enquanto sacrifício, a Eucaristia nos foi dada no tempo da graça revelada para conservar em nós o espírito de devoção para com Deus. Enquanto sacramento de comunhão, conserva nosso amor para com o próximo, e enquanto viático de refeição na qualidade de alimento dos peregrinos conserva o amor para consigo mesmo.

Ensina o doutor franciscano que este sacramento nos é dado não conforme a nossa capacidade carnal, mas espiritual, não segundo o nosso ventre, mas a nossa mente. Daí porque não apreendemos a Cristo a não ser pelo conhecimento e pelo amor ou pela fé e caridade. A fé com a sua luz nos conduz a reflexão, a caridade por sua vez excita a alma à devoção[119].

Segundo o doutor franciscano, a Eucaristia, assim como os demais sacramentos tem finalidade curativa[120]. Neste sentido, a Eucaristia é um "sacrificium" ou "oblatio exterior", sacrifício ou oblação exterior. Como sacrifício da cruz (sacrificium crucis) ou sacrifício do altar (sacrificium altaris) ou sacrifício do cordeiro (oblatio agnis). É sacrificium que aceita e reconcilia com Deus (acceptum et placativum)[121]. Tal sacramento assim como nos outros sacramentos está associado à eficácia da Paixão redentora de Cristo de modo a possuir o sinal comemorativo (signum commemorativum) da Paixão do Senhor[122]. Há de acordo com são Boaventura relação entre o sacrifício da cruz e o sacramento do altar[123].

Afirma o doutor franciscano:

" ...assim como o corpo de Cristo verdadeiro foi oferecido na cruz, assim é o sacrifício oferecido no altar"[124].

---

[118] Ibid. Hb 9, 10.
[119] Cf. Brev. p. 6 c. 9 n. 2 e 3 (BAC I 467-471).
[120] IV Sent. d. 26, a. 1, q. 1 concl. (IV, 662 b).
[121] In Lc. c. 22, n. 27 (VII, 547 ab).
[122] Brev. p. 6, c. 2, n. 4 (BAC I 439).
[123] IV Sent. d. 10, p. 1, a. unic. q. 1, sol opp 2 (IV, 218a).
[124] IV Sent. d. 10 p. 1 q. 1 sol opp. 2 (IV 218 a).

O sacramento da Eucaristia é sinal (signum) que comemora e recorda a redenção humana. O autor considera a Eucaristia no âmbito da obra redentora de Cristo, considerando o sacrifício no sacramento[125]. Cristo é o nosso principio reparativo (principium nostrum reparativum) que continua a atuar nos sacramentos e de modo especial no sacramento da Eucaristia[126].

Segundo o doutor seráfico, as espécies do pão e do vinho na Eucaristia estão intimamente relacionadas ao sacrifício da cruz. O pão e o vinho são oferecidos na ceia eucarística em memória da paixão e morte de Cristo[127]. Estas figuras simbolizam muito bem esse aspecto da Eucaristia como sacrifício do Senhor que no mistério de sua Paixão por amor a nós se doou e derramou o seu sangue, nos reconciliando com o Pai.

"O pão significa o corpo triturado, moído e amassado na paixão; cozido e assado com o fogo do amor divino no forno e na ara da cruz. Por sua vez, o vinho significa o sangue, que foi exprimido no lagar da cruz da uva..."[128].

Da mesma forma é necessário que a Eucaristia seja na Igreja como oblatio exterior. Pois o sacrifício externo de Cristo na cruz não pode ser mais oferecido. Porém, sacramentalmente mediante a celebração da Eucaristia se atualiza o sacrifício da cruz. Deste modo essa oblação continua de modo exterior na celebração do sacramento. Segundo o doutor seráfico há real continuidade, unidade e distinção entre o sacrifício da cruz e o sacrifício do altar.

Com efeito, o novo tempo exige a realização das promessas. O tempo da graça revelada possui caráter real e não somente simbólico do sacrifício de Cristo que se representa no rito eucarístico. Elas deixam de ser somente figuras e passam a ser realidades no único sacrifício de Cristo que real e verdadeiramente se perpetua no tempo.

Em seu quarto comentario às sentenças de Pedro Lombardo, são Boaventura afirma que os membros do corpo místico de Cristo que constituem o povo de Deus numeroso e peregrino estão rodeados por pecados cotidianos. Deste modo necessitam de sacrifício de oblação. Então, era côngruo ou conveniente que houvesse oblação mais

[125] Serm. Fer. 5 in Coena Domini 2.
[126] Brev. p. 6, c. 9, n. 2 (BAC I 467).
[127] Feria 5 in coena Domini, sermo 5 (IX 257 a); In Luc c. 22, n. 27 (VII 547 a); Praep. miss. c. 1 n. 10.
[128] Praep. Miss. c. 1, § 1, n. 2 (BAC II 691).

exterior[129]. Diante das necessidades espirituais cotidianas do povo se instituiu a Eucaristia como sacrífcio.

O doutor franciscano em sua obra sobre a preparação da Missa, afirma:

"Já que (Cristo) não devia morrer muitas vezes, porque com sua morte fez a satisfação de todos os pecados outrora cometidos e por aqueles que ainda serão cometidos, por isso bastou que ao morrer nos deixasse aquela única vítima de seu corpo imolado, em outro tempo, uma vez por nós, para oferecê-la misticamente todos os dias pelos resíduos das faltas a Deus Pai em comutação de nossa morte, visto que todos os dias somos devedores do pecado. Por isso diz Santo Agostinho: 'Todos os dias se renova esta oblação, embora Cristo tenha padecido uma só vez, porque todos os dias lhe ofendemos com pecados... e porque todos os dias nós caímos, todos os dias Cristo se imola misticamente por nós'. Neste sentido, tudo o que se faz na missa, todo ornamento e as cerimônias não representam outra coisa senão a paixão de Cristo"[130].

Este sacrifício, pelo qual Cristo nos mereceu justificação, uma vez por todas, tem início no sacrifício da cruz e, por conseguinte, se renova diariamente no sacramento da Eucaristia. Com efeito, aquele que se imola, o cordeiro pascal, é o mesmo tanto na cruz como no altar.

Portanto, a reconciliação com Deus se iniciou na encarnação e se consumou de uma vez para sempre com o seu sacrifício na cruz, satisfazendo com sua morte os pecados, nos comunicando e concedendo a si mesmo como dom precioso em cada Eucaristia. Pois a imolação sacramental ou mística do altar renova a ação salvadora de Deus[131]. O sacramento do altar se atualiza e evoca a memória do sacrifício da cruz, compreende são Boaventura[132].

Porém há distinção: enquanto na cruz se realizou um sacrifício ou imolação cruenta, na Eucaristia é oferta místico-sacramental. Na cruz, Cristo se oferece a si mesmo ao Pai, no altar se oferece a si mesmo através de seus ministros sacerdotes. Cristo é a única oferenda cruenta do sacrifício da cruz e oferenda incruenta do sacrifício

[129] IV Sent. d. 10, p. 1, a. um. ad 29 (IV 218).
[130] Praep. miss. c. 1 § 3 n. 10 (BAC II 699-700).
[131] MAIO, Maria Tereza, p. 28.
[132] Praep. miss. c. 1 § 3 n. 11. (BAC II 700).

do altar. Cristo é a nossa vítima que padeceu em forma cruenta na cruz e que se imola misticamente ou sacramentalmente por nós todos os dias no altar.

Esta redenção aconteceu uma vez por todas no Gólgota, no passado, mas continua e se atualiza no presente e aponta para o futuro, isto é, para a Vinda definitiva do Senhor. O sacrifício oferecido diariamente no altar tem dimensão escatológica e também universal, afeta a todas as criaturas, reconciliando-as com Deus.

A Eucaristia é ao mesmo tempo sacramentum e sacrificium; sacramento de refeição e piedosíssimo e sacrifício da redenção; memorial eucarístico, reprodutivo e representativo do sacrifício da cruz mediante o rito sacramental. Cristo é cordeiro comido e imolado[133].

É sacramento que alimenta e sacramento que reconcilia. Igualmente, o cordeiro é sacramento, recordação desse sacrifício. A Eucaristia é oblação exterior porque sacrifício agradável a Deus que se mostra e se atualiza no sacramento do altar para a santificação dos fiéis.

Assim como acontece em seu sacrifício na cruz, igualmente no sacrifício eucarístico, Cristo é o único e eterno mediador. Ele é o anjo do grande conselho. Na Eucaristia é sempre Ele que se oferta. É Cristo o sacerdote invisível enviado a consagrar e que consagra o sacramento em qualquer lugar em que seja celebrado[134].

Cristo continua hoje a se oferecer por nós na Eucaristia. Tal sacrifício é o fundamento na realização de nossa comunhão com Cristo. Trata-se do sacrifício que é fruto da atuação mística- eucarística-sacramental de Cristo que ele mesmo ofereceu na cruz e que hoje através de seu sacerdote lhe apresenta como santo sacrifício da missa na Igreja[135]. O que Cristo realizou na cruz, se atualiza através do sacerdote[136]. Ele oferece a Cristo naquele modo misterioso que é ao mesmo tempo sacrifício imolado e alimento para todos[137].

Deste modo, a Eucaristia como alimento e sacrifício é sacramento da Igreja, é celebrada na Igreja e somente na Igreja se faz disponível; permanece na Igreja; e

---

[133] Ap. 5, 6.
[134] IV Sent. d. 13 dub. 3 resp. (IV 313 a).
[135] Serm 4 n. 2 De Annunt. BVM, in: *Obras de San Buenaventura*, t. IV. Madrid: BAC, 1947, p. 781-782. Cf. BERRESHEIM, Heinirich. p. 309-310.
[136] IV Sent. d. 12 p. 1 a. 3 q. 3 ad 3 (IV, 218); ib. d. 19 a. 2 q. 1 in corp. (IV 504).
[137] Tripl. via c. 2 n. 3 (BAC IV 133); cf. IV Sent. d. 10 p. 2 a. 1 q.3 fund. 1 (IV 231a).

constrói a Comunidade da Igreja, pois Cristo é a oferta viva que diariamente sobre o altar de modo misterioso é oferecido a nós para a expiação de nossos pecados. Com efeito, a oferta do sacrifício eucarístico acontece através do sacerdócio da Igreja. O verdadeiro sacrifício é sempre ação de Cristo. Ele é o sacerdote invisível: porque na pessoa do sacerdote, Cristo consagra e confecciona o sacrifico do altar[138].

Por meio de seu sacrifício, Cristo se estabelece como "principium"[139] ativo e cabeça a Comunidade dos fiéis consigo mesmo, unindo ao seu corpo místico. Dele emana a unidade (unio) que se realiza através da communio, isto é, pelo fato dos fiéis receberem o alimento do mesmo sacrifício.

Deste sacrifício resulta o alimento da oferta que por meio do sacramento forma interiormente, visivelmente e continuamente a comunidade com Cristo. Portanto, como sacramento, alimento e sacrifício (oblatio exterior), a Eucaristia constroe a vida e a comunidade da Igreja, fundando-a, fortalecendo-a e santificando-a.

Portanto, a Eucaristia pela ação do Espírito Santo e pelo dom da graça possui virtude que realiza a eclesialidade, a unidade e a participação de todos no corpo místico de Cristo.

Estes efeitos bem como a realização da Eucaristia como sacramento de comunhão também são contemplados por são Boaventura através de inúmeras figuras.

5. A Eucaristia, figura do corpo místico

Para São Boaventura a Igreja é a Igreja da Eucaristia (Ecclesia de Eucaristia). O simbolismo das espécies eucarísticas, segundo o doutor franciscano ilustra muito bem essa relação entre Igreja e Eucaristia.

Afirma o doutor seráfico:

"Dizendo que este sacramento tem dupla res, a saber, o verdadeiro corpo de Cristo (corpus Christi verum) e corpo místico (corpus mysticum). E que os sinais são instituídos por causa da expressão da realidade significada (res significata) de modo que deva de sua natureza original exprimir a ambos. E porque o corpo místico é a reunião de vários em um, do mesmo modo os elementos devem ser aqueles que da

---

[138] (Christus) consecrat et conficit. IV Sent. d. 13 dub.3 in resp. (IV 313a).
[139] BERRESHEIM, Heinirich. p. 311.

diversidade forme a unidade. Isto também acontece com o pão. Porque dos vários grãos puros forma um só pão. Assim também é o vinho porque de muitas uvas puras forma um só vinho. Portanto, isto significa a correta união do corpo místico"[140].

Os sinais do sacramento não foram escolhidos por acaso, mas foram instituídos para expressar a realidade significada. Deste modo, as espécies do pão e do vinho expressam essa realidade do corpo místico. Expressam naturalmente a sua diversidade e a unidade. O pão é feito de muitos grãos puros de trigo. Entretanto, desses muitos grãos formam um só pão. O mesmo acontece com o vinho: das muitas uvas puras formam um só vinho. Assim pão e vinho expressam a sua própria realidade eucarística e aquela do corpo místico de Cristo, mostrando a profunda relação entre si na unidade e diversidade. Embora haja muitos membros formamos um só e único corpo. As figuras do pão e do vinho mostram muito bem essa realidade.

O santo doutor franiciscano apresenta outro simbolismo que expressa a totalidade dos membros do corpo místico. A Hóstia dividida em partes – quando misturada ao vinho simboliza os beatos ou bem-aventurados do céu; quando seca significa os vivos e conservada, os sepultados[141]. Esta figura significa a Igreja em sua totalidade e comunhão dos santos.

A outra figura apresentada pelo doutor franciscano é a fração da Hóstia que significa a Paixão; fracionada em três partes indica o corpo místico, ou seja, a Igreja militante, em purificação e triunfante[142]. São Boaventura sublinha a dimensão eclesial da Eucaristia ressaltando a relação entre as partes do corpo místico; a reciprocidade entre a Igreja na terra e a Igreja celeste e a relação mútua que existe entre os fiéis no corpo eclesial. Assim como pertencemos a Cristo nos pertencemos uns aos outros.

A própria Eucaristia é o símbolo do corpo místico de Cristo. As figuras eucarísticas simbolizam uma dupla graça comunicada ao corpo místico de Cristo na Eucaristia: em primeiro lugar, significa virtude nutritiva (vim nutritivam) e depois, virtude conectiva (vim connexivam)[143]. O pão e o vinho simbolizam a virtude nutritiva do Cristo eucarístico, alimento do corpo místico. E em seguida, significa essa unidade na variedade dos membros de um único corpo místico.

---

[140] IV Sent. d. 11 p. 2 a. 1 q.1 corp. (IV 254 -255)
[141] IV Sent. d. 12 p. 1 a. 3 q. 3 supra ad app 1 (IV 285).
[142] IV Sent. d. 12 p. 1. a. 3 q. 3, corpo, (IV 286 a).
[143] In Luc c. 22, n. 25 (VII 546 a).

Deste modo, existe todo um simbolismo especialmente na simbólica da figura pão e do vinho, embora inclua também certo simbolismo na ação do santo sacrifício da Missa. Por exemplo, no momento da celebração eucarística, a água misturada ao vinho ou a hóstia fracionada. Esses ritos segundo o doutor seráfico mostram perfeitamente a diversidade e a unidade do corpo místico de Cristo. O simbolismo da ação litúrgica também expressa a unidade da Igreja.

Neste sentido, a Eucaristia é o alimento de um corpo formado. Cristo escolheu as figuras do pão e do vinho para sugerir a Eucaristia como alimento espiritual vigoroso e necessário aos membros do corpo místico assim como o pão e o vinho são alimentos saudáveis, saborosos e vigorantes, comum a todo povo.

Estas figuras eucarísticas significam os efeitos do verdadeiro corpo de Cristo que é o alimento e a base de subsistência do corpo místico. Além disso, as figuras eucarísticas designam a *"vis conexiva"*, isto é, a virtude unificante da Eucaristia, por meio da qual é realizada a unidade do corpo místico de Cristo, a Igreja.

Também na celebração da santa Missa, o corpo místico é significado de modo diferente. Duas ações litúrgicas que em geral são acentuadas pelos escolásticos: a mistura da água com o vinho e a fração do pão[144].

Segundo o doutor franciscano, a mistura da água não é de integridade (integritate), mas de congruidade dos sacramentos (congruitate sacramenti). Essa congruência se dá por causa de seu simbolismo:

"a água significa povo, e pela conjugação com o vinho significa a unidade da cabeça com os seus membros"[145].

A dupla direção dessa unificação (unio) está na celebração do santo sacrifício simbolizado através da gota d'água que é misturada ao vinho e depois juntamente transformada: pois a água significa o povo e, devido a sua união com o vinho, significa a unidade entre cabeça e membros. E, por conseguinte, o vinho somente sugere a união

---

[144] Rufin Silic, *Christus und die Kirche...*, 192-193.
[145] *"Aqua significat populum, et per coniunctionen sui cum vino significat unitatem capitis cum membris"*. IV Sent. d. 11 p. 2 a. 1 q. 3 in corp. (IV 258b). Cf. Rufin Silic, 192.

dos membros entre si[146]. Unidos a Cristo, na conjugação da água com o vinho estamos, por conseguinte, unidos entre si.

Assim como o vinho por si só significa a unidade dos membros entre si, também significa por meio da mistura da água a unidade dos membros com Cristo. Igualmente, a fração da hóstia em três partes significa o corpo místico. Deste modo, o corpo místico através das figuras eucarísticas é também significado por meio da ação litúrgica[147].

6. A Eucaristia como sacramento de comunhão

O duplo modo da unio (união, unificação) está contido também na formulação: *corpus Christi verum unit et incorporat*[148]. Essa incorporação ao corpo místico de Cristo se dá de dois modos: a união de um não membro a Cristo, sendo incorporado ao corpo místico e a união dos membros entre si. Por meio dessa dupla unificação (unio) aperfeiçoa a eucaristia o que foi começado no batismo[149]. Por conseguinte, a graça que incorpora ao corpo místico de Cristo dilata o fiel à caridade e a solidariedade para com os outros. Essa comunhão não é algo meramente mecânico, passivo ou funcional da parte dos fiéis, mas exige devoção e preparação espiritual. A Eucaristia refletida e bem paritcipada conduz ao compromisso pastoral de cuidado para com os irmãos e irmãs. Portanto, nossa inseção em Cristo supõe comunhão com os irmãos e irmãs.

a) Incorpora os fiéis a Cristo

Através do batismo, o homem se torna membro da Igreja, sendo incorporado a Cristo[150]. Quando recebemos o batismo, Cristo age em nós, seus membros[151]. Segundo são Boaventura pelo batismo somos introduzidos na Igreja: "*per baptismum introducitur homo in Ecclesiam*"[152].

---

[146] Rufin Silic, 193
[147] Ibid.
[148] IV Sent. d. 8 p. 2 a. 2 q. 1 ad 2 (IV 196b); IV Sent. d. 8 p. 1 dub 2 in resp. (IV, 188a). Para este estudo cf. BERRRESHEIM, Heinrich, p. 313-319.
[149] "*In baptismo est inchoatio, et in hoc (Sacramento eucharistiae) consummatio (unitatis Eclesiae)*". IV Sent. d. 8 p. 1 dub. 4 in resp. (IV 188) e IV Sent. d. 8 p. 1 a. 1 q. 1 ad 2 (IV 181).
[150] II Sent. d. 32 a. 1 fund. 4 e in corp. (II 760 a; 761 a); sermo 6 de dom. 4 adv. (IX, 82 a).
[151] IV Sent. d. 15 p. 1 ad 3, 4 (IV 351 a).
[152] Hex. c. 22, n. 14, in: *Obras de San Buenaventura*, t. III, Madrid: BAC, 1947, 615; cf. Berresheim, 296.

As almas que foram incorporadas pelo batismo são unidas com Ele (Cristo) com amor mais forte, convincente e profundo; o vínculo já iniciado no batismo se faz mais íntimo e a multiforme unidade vital da Igreja se faz mais organizada[153].

Essa unidade e incorporação dos fiéis com Cristo, cabeça do corpo místico, não se dá de forma meramente natural, social ou mecânica, mas pela ação do Espírito Santo que opera através dos sacramentos e, de modo especial, na Eucaristia, agindo interiormente, produzindo, reforçando, consolidando o vínculo da comunhão em virtude da fé e caridade.

Para são Boaventura a Eucaristia é o sacramento da comunhão (communio). O que é "communio"? Implica "participatio", ou seja, tomar parte de um todo. Todos os membros pela fé mediante a caridade e pelos sacramentos são incorporados ao corpo místico de Cristo. Essa é a condição e o fundamento para que o homem esteja e opere em comunhão. Esse termo é dinâmico e progressivo. A caridade é virtude que possibilita essa comunhão. A caridade é a graça formadora de comunidade.

"... visto que está muito conforme este tempo (da graça revelada) que o sacramento da comunhão e da dileção não só significa a comunhão e a dileção, mas que nos abrase nela 'para que realize o que representa', e o que principalmente nos abrasa em mútua dileção e principalmente una os membros é a unidade da cabeça da qual dimana a dileção mútua por força difusiva, unitiva e transformativa do amor..."[154].

Outro efeito da Eucaristia é a união sacramental do corpo místico. São Boaventura ensina, a saber, dois modos de união no corpo místico: um interior através da graça e das virtudes e outro sacramental, nem tanto exterior nem tanto interior, de preferência de modo mediano. Essa união se dá através dos sacramentos especialmente por meio da Eucaristia.

Esse vínculo sacramental não é mais importante do que o vínculo interior da graça. Pois, ele concede aos membros, mesmo sem essa união sacramental, serem plenamente incorporados em Cristo. Porém, no corpo místico em seu conjunto deve existir essa unidade. Porque o homem não é puro espírito, mas uma essência mediana e

---

[153] IV Sent. d. 12 p. 2 a. 1 q. 3 (IV 293); cf. POMPEI, Alfonso, *Ecclesiologia francescana*, p. 218.
[154] Brev. p. 6 c. 9 n. 3 (BAC I 469).

deve possuir também o vínculo da comunidade mediana. O sacramento da Eucaristia é a mediação necessária para que haja unidade.

Essa unidade sacramental tão insistentemente sugerida por são Boaventura nos mostra que o seu conceito de Igreja, acentuando principalmente o interior, místico possui um aspecto comunitário profundo enquanto toma a Comunidade no sentido de organismo sobrenatural.

Cristo em sua ação realiza por meio dos sacramentos de modo especial da Eucaristia a comunidade dos fiéis com Cristo, o que são Boaventura chama de incorporação (incorporatio). Cristo ocupa posição fundamental na confecção da Eucaristia. Ele age real e verdadeiramente realizando a comunidade, unindo os fiéis ao seu corpo místico. Ele é o verdadeiro doador da graça, se fazendo presente pessoalmente nesse sacramento.

De fato, é verdade que a redução ao corpo místico (reductio ad corpus mysticum) acontece por meio do sacerdote, cuja celebração da Eucaristia é confiada de modo especial. Ele só pode exercer a sua atividade em perfeita dependência com Cristo. Aquele que confecciona, o confeccionador (conficit) do sacramento é na verdade somente Cristo[155], realizando a incorporatio através da Eucaristia[156]. Ele transforma a *farina fidelium (farinha da fé)* em seu corpus mysticum[157] para que retorne a unio (unidade) entre cibatum et cibum e a conversio unius in alterum (o alimentado e o alimento e a transformação de um no outro)[158].

Além disso, a Eucaristia é um alimento ativo, "pão incorporador" (cibus incorporans)[159]. Quem toma esse alimento dignamente e devotamente incorpora-se "mais" ao corpo místico (magis incorporatur) – esse "mais" se realiza em comparação à incorporação feita pelo batismo -, de forma que ele em si não transforme Cristo, porém seja mais transformado no corpo místico de Cristo. Todos que recebem o sacramento são transfigurados (transferuntur) até mesmo pela caridade ardente no próprio Cristo[160].

---

[155] Serm. Fer. 5 in Coena Domini, sermo 1(IX, 248a).
[156] Serm. sel. 3 n. 4 (V, 555b).
[157] Comm. Luc. c. 13 n. 44 (VII 398).
[158] Sermo dom. quarta in quadragessima, n. 2 (IX, 234a); In Luc. c. 15 n. 40 (VII, 398).
[159] (IV, 188a); cf. (IV 221b).
[160] Brev. p.6 c. 9 n. 1 (BAC I 467).

Para que haja frutuosa participação na Eucaristia é preciso "manducare"[161]. São Boaventura concebe um duplo modo de "manducare", ou seja, mastigar ou comer, visto que a Eucaristia é "comer sacramentalmente e espiritualmente" (manducare sacramentaliter et spirirtualiter). Tal ação é desde já a realização da santa comunhão como "incorporatio".

Por meio da manducatio sacramentalis se come o corpo de Cristo como alimento sacramental. Esse modo de recepção é o primeiro passo para que haja incorporação ao corpo de Cristo místico. Mas sozinho não basta. É necessário que haja também manducatio spiritualis, ou seja, comer espiritualmente através de uma disposição ao bem e à reflexão interior. Se a pessoa come somente sacramentalmente a Eucaristia, sem essa disposição não há verdadeira comunhão com Cristo. Deste modo não é possível realizar a "incorporatio"[162].

Por conseguinte, para que haja incorporação, a manducatio sacramentalis (comer sacramentalmente), atitude de quem recebe o pão e o vinho consagrados, deve ser acompanhado do modo espiritual (manducatio spiritualis). Portanto, o comer sacramental do Corpo de Cristo verum se deve igualmente e especialmente comer espiritualmente.

A "manducatio spiritualis" segundo o santo doutor se dá a "masticatio" e a "incorporatio". A primeira significa a recogitatio fidei (reflexão da fé). A segunda a incorporatio (affectio caritatis) é o vínculo de amor que nos une aos outros.

Segundo o doutor franicscano crer é comer espiritualmente ou sacramentalmente. Comer espiritualmente requer o reflexo da fé (assentimento) e a afeição da caridade (caridade para com os irmãos), visto que a fé deve ser operada pela caridade.

Neste sentido, estes dois atos fundamentais realizam a essência do sensus et motus (sentidos e movimentos) na comunicação da graça. Em suma, essa comunhão não se dá somente com Cristo, mas também com os irmãos. Nesta comunhão somos conservados, restaurados e assimilados por Cristo e, por conseguinte, nos transformamos no alimento que comemos.

---

[161] Sent. d. 9 a. 1 q. 1 in corp. (IV 201-202).
[162] Sent. d. 9 a. 1 q. 1 in corp. (IV 202a).

Segundo o doutor franciscano, a Eucaristia como sacramento realiza a comunidade dos fiéis com Cristo através da manducatio sacramentalis e manducatio spiritualis. Tal efeito se alcança por meio de uma digna recepção da comunhão: quem come do corpo de Cristo está no corpo de Cristo[163].

Entretanto, tal ação não se dá somente da parte de Cristo, mas também da parte do homem. Da parte de Cristo se dá a "incorporatio" que é uma "ação" de associação ao seu corpo místico. Cristo segundo a sua natureza divina pode fazer do não membro um membro. Segundo a sua natureza humana pode fazer merecer e adquirir. Essa ação incorporadora constitui a unidade vital de seu corpo místico.

Da parte do homem, por meio da fé e da caridade, se dá essa incorporação à Comunidade da graça do Corpo de Cristo. Com efeito, segundo são Boaventura, a fé (fides) está na "juntura entre cabeça e corpo" (iunctura capitis et corporis)[164].

Cristo como cabeça da Igreja está ligado a cada um de seus membros. Influi de modo contínuo e efetivo sobre cada um deles porque pela fé estão unidos e não separados do seu corpo místico.

No conceito de manducatio spiritualis, encontramos três elementos integrantes: a masticatio, a incorporatio e a conservatio[165].

Na recepção da Eucaristia o mais importante é a recepção do corpus verum por meio da manducatio sacramentalis, mas é a manducatio spiritualis uma condição necessária e indispensável. Para a união com Cristo, a manducacio spiritualis é manducatio vera e efficax (o comer verdadeiro e eficaz) e, por isso, fecundo[166]. Isso é óbvio quando consideramos os dois conceitos da masticatio e incorporatio: a manducatio spiritualis através da masticatio e incorporatio acontece por meio da fé e da caridade[167]. Enquanto a masticatio corresponde à fé, a incorporatio, por sua vez, à caridade.

---

[163] "*Qui manducat corpus Christi est in corpore Christi*", Comm. Jo c. 6 n. 83.
[164] Cf. Hex., c. 2 n. 14 (BAC III 213).
[165] IV Sent. d. 9 a. 1 q. 2 corp (IV 203b); Cf. In Joan. c. 6 n. 90 q. 2 resp. (VI, 335).
[166] IV Sent. d. 12 p. 2 a. 2 q. 2 ad 3 (IV 297a).
[167] IV Sent. d. 9 a. 1 q. 2 in corp. (IV 203).

A masticatio spiritualis é uma recogitatio cibi (reflexão do alimento)[168]. É uma spiritualis discussio per fidem (discurso espiritual pela fé), uma recogitatio fidei (reflexão da fé)[169] que, por sua vez, se relaciona a paixão do Cristo salvador[170]. Deste modo, se deve tomar a Eucaristia, comer do corpo de Cristo de forma refletida, amadurecida, consciente pela fé e pela caridade.

"Através dessas espécies (pão e vinho) nos dá (Cristo) como alimento, e o que recebe dignamente, comendo-o não só sacramentalmente, mas também espiritualmente pela fé e a caridade, se incorpora mais ao corpo místico de Cristo e a si mesmo se alimenta e se purifica; porém, o que se aproxima indignamente come e bebe a sua propria condenação por não discernir o santíssimo corpo de Cristo"[171].

O fiel deve comungar devotamente e dignamente para que a comunhão seja realmente plena e para que haja a incorporatio ao corpo místico de Cristo. A masticatio sozinha não é suficiente para que aconteça a manducatio spiritualis, pois é necessário também a incorporatio. Aí se dá o comer espiritual em sentido completo. Para que haja a eficácia do sacramento na vida dos fiéis se faz necessária a ação interior das virtudes: fé e caridade além da expressão visível e sacramental daquele que comunga.

Cristo é quem opera essa manducatio spiritualis. Na recogitatio fidei existe de modo especial no receptor ativo[172].

Sobre a "incorporatio" diz são Boaventura:

"a incorporação... compreende-se enquanto caridade refletida, amor que se medita, unindo e sendo incorporado, restaurado e mais assimilado"[173].

Ela é oriunda da caridade e forma a complementação necessária da masticatio:

"Cristo se nos oferece como alimento, de modo que quem o recebe dignamente, também pela fé e pela caridade, comendo espiritualmente, é mais incorporado ao corpo místico de Cristo, e nele mesmo, é restaurado e purificado"[174].

---

[168] IV Sent. d. 9 a. 1 q. 2 in corp. (IV 203).
[169] In Joan. c. 6 n. 90 q. 2 in resp.
[170] IV Sent. d. 11 p. 2 a. 1 q. 3 in corp (IV 257a).
[171] Brev. p. 6 c. 9 n. 1 (BAC I 467).
[172] "*Proprietas manducationis magis in actu fidei invenitur, quia credens masticat recogitando, sed diligens non incorporat sed incorporatur*".
[173] "*Incorporatio... attenditur, dum recogitans caritatis amore ei quod cogitatur, iungitur et sic incorporatur et dum incorporatur, reficitur et magis assimilatur*". IV Sent. d. 9 a. 1 q. 2 in corp. (IV, 203 b).

Fé e caridade pertencem necessariamente também à ordem sacramental e estas duas estão intimamente ligadas: manducatio spritualis est secundum fidem et caritatem[175]. Quando ao lado da masticatio por meio da caridade se aperfeiçoa a incorporatio, então se alcança o efeito pleno da Eucaristia.

Encontramos *manducatio sacramentalis, masticatio per fidem e incorporatio per caritatem* em conjunto, pois mostra a "dignidade" da recepção da Eucaristia que estabelece seu efeito pleno. Realiza-se, portanto, todas as condições requeridas para que aconteça essa recepção[176].

Com efeito, a "dignidade", isto é, da fé e da caridade daquele que recebe a Eucaristia resulta da cabeça atuante de Cristo. A incorporatio é uma ação de Cristo que transforma aquele que devotamente e dignamente recebe o corpo de Cristo. Não se trata de atuação própria do fiel que a recebe. Ele toma o alimento e se transforma; não se transforma na comida em sua substância, mas em Cristo mesmo[177]:

"O alimento (Cristo) é o mais nobre e digno, perfeto e completo; portanto, comungando dele nos transformamos e nos incorporamos, e assim por diante".

Não nos transformamos corporalmente no pão que comemos, mas, espiritualmente, no próprio Cristo, nosso alimento mais nobre.

Através da "manducatio per caritatem" se realiza a união com Cristo quando aquele que recebe Cristo se torna uma só coisa com Ele, através da influência da cabeça. Por isso, se assemelha sempre a Cristo e por fim nele se transforma. Cristo tem desejo ardente, enquanto essa "incorporação pelo incêndio do amor" (*incorporatio per amoris inflamationem)* não se tornar realidade. A incorporatio por sua vez encontra na união com Cristo seu revigoramento e sua paz.

Cristo cuida para que através da Eucaristia se estabeleça relação permanente com os membros. Esta é a terceira parte integrante da manducatio: a conservatio[178]. Esta não é a manducatio, mas um de seus efeitos, em virtude do Espírito que nos

---

[174] "*(Christus) proponitur nobis ut cibus, quem qui digne accipt, non solum sacramentaliter, verum etiam per fidem et caritatem spiritualiter manducando, corpori Christi mystico magis incorporatur et in se ipso reficitur et purgatur"*.

[175] IV Sent. d, 12 p. 2 q. 1 ad 1 (IV, 294 b/ 295 a).

[176] IV Sent. d. 12 p. 2 q. 1 as 1 (IV 294b/295a).

[177] "*cibus (Cristo) est nobis dignior et perfectior et completior; ideo potius in ipsum mutamur et incorporamur, quam e converso"*, IV Sent, d. 9 a. 1 q. 2 ad 3 (IV 204b).

[178] In Joan. c. 6 n. 90 q. 2. (VI, 334-335).

"conservamos" em Cristo como participantes de seu corpo, a Igreja. Por conseguinte, vemos Cristo como Aquele que está agindo em nós visto que Cristo é o princípio doador da vida na graça. Ele nos dá a fé e a caridade; se oferta a si mesmo, unindo-nos entre nós, nos insere em seu corpo místico e conserva-nos na unidade. Como membros de Cristo somos salvos somente quando nos conservamos em Cristo através da manducatio spiritualis.

b) Une os membros entre si

A Eucaristia tem um papel relevante na união dos membros do corpo místico entre si e com a cabeça porque quando tomam desse alimento imediatamente são incorporados a Cristo e, por consequência, são mais unidos mutuamente. Essa incorporação a Cristo causa mais comunhão[179]. A união cresce em nós e nos aperfeiçoa cotidianamente à medida que comunguemos com mais devoção[180].

A Eucaristia segundo o doutor seráfico realiza a comunidade da reciprocidade entre os fiéis (unio). Ao lado da união dos membros com Cristo, incorporatio, em sentido estrito, se opera também na recepção do corpo de Cristo, o segundo tipo de união, a unificação dos membros entre si. É a caridade, a virtude formadora da comunidade dos fieis com Cristo mediante a Eucaristia[181].

Essa profunda unidade com Cristo produz também a unidade dos membros entre si. A Eucaristia é a causa dessa unidade que cria relação recíproca entre os membros. Neste sentido, ocupa a Eucaristia um lugar excelente entre todos os demais sacramentos. Sem dúvida os outros sacramentos também estão relacionados à comunidade. Porém, nenhum outro sacramento expressa tanto a caridade e a comunidade como a Eucaristia. Daí porque a Eucaristia é o sacramento da caridade e da comunidade. Essa união dos membros entre si afeta todo o corpo místico no céu ou na terra.

O simbolismo da hóstia fracionada na celebração da Eucaristia mostra muito bem essa realidade. O vínculo de união entre as três "partes" do corpo místico, entre os vivos (vivi), os bem-aventurados (beati) e os míseros (miseri) é a comunidade da caridade da Eucaristia. Todos os três tipos de membros através da fração da Hóstia sagrada sugerem três partes. Deste modo encontramos a unidade do corpo místico no

---

[179] IV Sent. d. 8 p. 2 q. 1 sod app. 5. 5 (IV 196b).
[180] IV Sent. d. 9 dub. 4 resp. (IV 213a).
[181] Brev. p. 6 c. 9 n. 3 (BAC I 469); Lc c. 22 n. 21 (VII, 545a).

sacrifício, ou seja, na Hóstia consagrada. Esta hóstia fracionada na celebração expressa de modo visível a comunhão na diversidade e universalidade dos membros. A Eucaristia não só mostra a unidade sobrenatural do organismo eclesial, mas se visibiliza, unindo e aproximando num só corpo vital a Jerusalém celeste e terrestre, ou seja, a Igreja no céu e na terra.

Tal união dos membros entre si figurada e realizada na Eucaristia não acontece de modo meramente passivo, mas ativo. O sacramento da Eucaristia atua a Comunidade na caridade através da comunhão, isto é, na prática do amor ao próximo.

c) Dilata o amor dos fiéis ao próximo

A incorporação dos fiéis ao corpo místico não significa somente uma união passiva entre os membros, mas, sobretudo, ativa. Eles agem e interagem uns com os outros através da pratica do amor aos irmãos. A graça que nos vem da Eucaristia nos dilata ao amor ao próximo, quando se toma com verdadeira e sincera devoção. A Eucaristia contém a abundância da caridade de modo que ao se dilatar alcança a Igreja militante, triunfante e em prurificação, isto é, o corpo místico por inteiro.

"... o corpo de Cristo nos foi dado em sacramento de comunhão para conservar o amor ao próximo... o corpo de Cristo dilata, quer dizer, se expande em todas as direções: para cima e para baixo..."[182].

A união dos membros entre si que existe no sacramento da Eucaristia se mostra também consequente no sacrifício eucarístico. Aí resulta verdadeira solidariedade entre os membros do corpo místico. Este sacrifício alcança segundo os efeitos da graça sacerdotes e leigos, vivos e mortos, amigos e inimigos, membros reais e vindouros. Especialmente preciosa é a comunidade da caridade com relação aos falecidos, que ainda estão em purificação. Eles ainda não alcançaram o seu fim último. Uma vez que continuam na unidade do corpo místico podem conseguir ajuda dos membros vivos na terra. Isto acontece entre outras coisas por meio do sacrifício da Missa. Por sua vez, os bem-aventurados do céu não carecem de ajuda. Ao contrário, como membros que já alcançaram a perfeição da glória celeste podem eles ajudar aqueles que peregrinos se encontram na terra ainda em combate contra o mal.

---

[182] Serm. CorChr (BAC II 622-623).

Segundo são Baventura, através da celebração da Eucaristia, na oração do sacerdote, a expressão do amor da parte do homem ao celebrar este sacrifício deve ser universal, deve romper as fronteiras da sociedade humana. Ela deve incluir todos os membros do corpo místico e alcançar também todos os que estão fora dele, como por exemplo, os pagãos, cismáticos e hereges[183]. Provavelmente em vista de sua conversão à unidade da Igreja.

A Eucaristia é o sacramento da "comunhão" (sacramentum communionis) e da dileção ou do amor ao próximo. Ela nos inflama à dileção ou caridade mútua. Com efeito, comendo deste "corpo" nos é dada a graça que nos vem de Cristo, cabeça do corpo místico que une e transforma[184].

Os sacramentos, segundo o doutor serafico realizam o que significam. Eles não só simbolizam, mas causam o que simbolizam. É "significatio" para a salvação; "produtivo" da graça. Daí porque a Eucaristia é sinal de comunhão. Ela realiza a comunhão na Igreja. Uma comunhão de amor entre Cristo e os fiéis e dos fiéis entre si. Com efeito, a participação no alimento comum da Eucaristia, entre tantos efeitos, segundo o doutor seráfico, opera o "nexo social da concordia" (nexus socialis concordiae) nos membros do corpo místico: une os membros a cabeça, Cristo e pela caridade realiza a unidade e, por conseguinte, a solidariedade entre si[185].

Para que o homem receba essa refeição espiritual é necessário que espiritualmente o homem se prepare antecedentemente pela devoção[186]. Depois, é necessário que a receba concomitantemente com devoção. De que modo se dá essa preparação? Citando o evangelho de Marcos[187], o doutor franciscano interpreta alegoricamente o sentido dessa preparação. Onde será essa refeição com Jesus e seus discípulos? Será num grande cenáculo na cidade. Essa cidade significa a Igreja. Deste modo, quem quiser se aproximar da Eucaristia é necessário que entre nesta cidade, isto é, na Igreja por meio do afeto da caridade aos aflitos e à felicitação a Deus. Já o cenáculo grande significa a dilatação da caridade. Assim como a alma de Cristo transcende todos os céus, aquele que possui a caridade ama a todos e transcende o mundo. É necessário, pois, que o homem se prepare para esta refeição para que Deus

---

[183] Praep. miss. c. 1, p. 4, n. 19 (BAC II 708).
[184] Cf. Brev. p. 6 c. 9 n. 2 e n. 3. (BAC I 467).
[185] Feria Quinta in coena Domini. Sermo 5 (IX 258a).
[186] Ibid. (IX 258 a/b).
[187] Mc 14, 12.

possa agir, encontrando espaço. Segundo são Boaventura para que o homem seja digno de receber o corpo de Cristo é preciso que possua devoção inflamada e transformativa de modo que o alimentado seja assimilado e transformado no alimento. Exige-se que o homem possua incêndio unitivo do amor e fortaleça a virtude perfeita da caridade.

A participação devota e digna da Eucaristia causa a solidariedade dos fiéis entre si de modo que haja amor mútuo. Trata-se de uma Igreja em movimento, operada pela caridade. Segundo o doutor franciscano, a caridade não somente possui virtude unitiva, mas também inflamativa. Como virtude unitiva opera a união no corpo místico e enquanto inflamativa opera a dilatação do amor ao próximo.

d) Revelação do mistério da piedade

Cristo, Verbo encarnado, no mistério de nossa redenção é o grande "sacramento da piedade"[188]. A Trindade se condescendeu de nós. Tal é a razão do mistério da encarnação. O Filho de Deus assumiu a nossa fraqueza, se fazendo solidário para conosco. Em sua imensa misericórdia desceu até nós e nos libertou. Essa piedade, isto é, amor misericordioso, essa bondade e compaixão de Deus que se revelou em nós e para nós em seu Filho continua no tempo e no espaço, através do grande sacramento ou mistério da piedade, que nos é oferecido no Sacramento da Eucaristia.

A participação na Eucaristia deve, por conseguinte, nos revestir de "entranhas de misericórdia"[189], segundo expressão de são Boaventura. Inseridos no mistério desse Corpo místico, mediante a graça do Espírito Santo, nós que celebramos a Eucaristia, nos tornamos "ser-junto-com"[190]. Desta forma, todos os membros da Igreja militante ou peregrina continuam esse movimento da encarnação do Senhor que, se manifestou no mistério da Piedade, cultivando o espírito fraterno. Com efeito, a partipação na Eucaristia causa a solidariedade nos membros do corpo místico de modo que haja amor uns para com outros.

Segundo são Boaventura, a Igreja é o espaço da santificação do Espírito Santo, onde se manifesta a vida fraterna, a cooperação mútua, a prática da caridade em vista do bem comum[191].

---

[188] DSSt. col. 3, n. 12 (BAC V 460).
[189] Ibid.
[190] POMPEI, Alfonso. Eclesiología franciscana, Ibid. p. 227-229.
[191] DSSt col. 3 n. 13 (BAC V 469-470).

Essa caridade, dom do Espírito Santo, infundido em nós, que se chama "pietas" (piedade) opera a participação do corpo místico e de cada membro de modo que haja movimento de amor solidário entre os membros, favorecendo de modo especial os mais pobres visto que refletem a imagem de Deus[192]. Afirma o doutor seráfico que devemos nos compadecer uns dos outros, visto que somos membros do mesmo corpo e nos alimentamos da mesma comida[193]. Deste modo segundo o doutor seráfico a participação no mesmo corpo e na refeição de uma mesma comida fundamenta e manifesta a nossa vida fraterna e solidariedade.

Essa atitude de solidariedade deve alcançar os membros do corpo místico como um todo. Porque a Eucaristia está no centro e realiza a unidade da Igreja militante, da Igreja em purificação e da Igreja triunfante. Afirma s. Boaventura que a primeira é constituída pelos fiéis peregrinos e combatentes aqui na terra; a segunda por aqueles que estão em processo de purificação e o terceiro e definitivo constitui aqueles que são os bem-aventurados no céu. Trata-se do mesmo e único Corpo místico. Com efeito, o sacrifício eucarístico é sinal dessa unidade cósmica que une o céu e a terra.

A participação na Eucaristia faz com que os membros estejam unidos a sua Cabeça e que, ao mesmo tempo, cooperem uns com os outros. O mais forte deve ajudar o membro mais fraco. Enquanto a Igreja militante com as suas orações de sufrágio ajuda aqueles que estão se purificando (membros da Igreja purgante), a Igreja triunfante ajuda os membros da Igreja militante a completar na terra a sua vitória contra o mal. Realiza-se, portanto, verdadeiro intercambio entre as ordens e os membros de todo corpo místico seja na terra ou no céu.

O Espírito Santo é o princípio transcendente que opera a caridade na Eucaristia e que une, incorpora, santifica, fundamenta e constitui o corpo místico de Cristo. Segundo são Boaventura, o Espírito Santo é verdadeiro "hierarca"[194], que indivisivelmente com Cristo atua eficazmente a graça dos sacramentos, especialmente na Eucaristia. Ele está

---

[192]XXV Memor. n. 18, 19, in: *Obras de San Buenaventura*, t. IV, Madrid: BAC, 1949, 595. Há dois sentidos de piedade, segundo são Boaventura: Deus é exemplar perfeito da piedade. Ele se manifesta em sua piedade. Daí porque devemos seguir o seu exemplo, exercendo a prática da misericordia para com o próximo e, por conseguinte, reconhecendo nele a imagem de Deus, especialmente nos pobres. BONNEFOY, J. Fr. *Le Saint-Espirit et ses dons selon saint Bonaventure*, Paris: Vrin, 1929, p. 144-146. Cf. também: verbete "pietas", in: BOUGEROL, Jacques-Guy. *Lexique saint Bonaventure*, Paris: ed. fraciscaines, 1969, 108.

[193] Ibid. (BAC V 471).

[194] *"...o mesmo Espírito Santo foi hierarca purificante, iluminante e aperfeiçoante..."*, Hex. c. 3 n. 19 (BAC III 245)

todo na cabeça e nos membros operando assim a unidade, comunhão e amor mútuo de todos os fiéis no corpo místico. Com Cristo, o Espírito Santo realiza o mistério da piedade. Sem a presença da terceira Pessoa da Trindade não há alimento, sacrifício ou o viático da Eucaristia. Àquele que gera os fiéis e os incorpora ao seio da Igreja pelo batismo, influi a graça sobre eles, conduzindo-os à participação numa única e mesma refeição eucarística. Afirma o seráfico doutor que através dos sacramentos recebemos o Espírito Santo[195].

e) Atualidade da doutrina eucarístico-eclesiológica de São Boaventura

Esta doutrina do doutor seráfico é muito atual proque encontra ecos no magistério da Igreja, especialmente no Concilio Vaticano II. O Concílio não trata de uma doutrina eucarística sistemática, mas em vários trechos do documento conciliar fala da relação Eucaristia e Igreja. Considerando as limitações de nosso estudo apresentaremos apenas alguns aspectos ressaltados pelas declarações do Concílio.

Na Constituição dogmática Lumen Gentium se estabelece relação mútua e necessária entre Igreja e Eucaristia[196]:

"Participando realmente do corpo do Senhor na fração do pão eucarístico, somos elevados à comunhão com Ele e entre nós. 'Sendo um só o pão, todos os que participam deste pão único formamos um só corpo (cf. 1 Cor. 10, 17). Assim tornamo-nos todos membros desse Corpo (cf. 1 Cor 12, 27), cada um, membros uns dos outros (Rm 12, 5)'".

Já no parágrafo n. 3 declara que a Eucaristia é o sacrifício da cruz, pelo qual Cristo nossa Páscoa foi imolado, significando e realizando a unidade da Igreja:

"Exerce-se a obra da nossa redenção sempre que o sacrifício da cruz, pelo qual Cristo nossa páscoa foi imolado (1 Cor 5, 7), se celebra sobre o altar. Ao mesmo tempo em que a unidade dos fiéis que constituem um só corpo em Cristo (1 Cor 10, 17) é significada e realizada pelo sacramento do pão eucarístico"[197].

---

[195] Brev. p. 6 c. 1 n. 5 (BAC I 433).
[196] CONSTITUIÇÃO DOGMÁTICA LUMEM GENTIUM, in: VIER, Frederico (coord.). COMPÊNDIO DO VATICANO II, *Constituições, decretos, decleraçôes*, 29ª. ed. Petrópolis: Vozes, 2000, n. 7.
[197] Ibid. n. 3.

No decreto Presbyterorum Ordinis afirma[198]:

"... a satissima Eucaristia contém todo bem espiritual da Igreja, a saber, o próprio Cristo, nossa Páscoa e pão vivo, dando vida aos homens, através de sua carne vivifcada e vivificante pelo Espírito Santo".

E em outro parágrafo, n. 6 também declara[199]:

"Não se edifica no entanto nenhuma comunidade cristã, se ela não tiver por raiz e centro a celebração da Santissima Eucaristia: por ela, há de iniciar-se por isso toda educação do espírito comunitário".

No documento sobre a liturgia Sacrosanctum Concilium diz que além de ser o sacrifício da cruz, a Eucaristia é também sacramento da piedade, sinal da unidade, vínculo da caridade, banquete pascal, em que Cristo é comunicado como alimento[200].

Por fim, na Lumen Gentium, ao exortar os bispos em seu ministério fala da Eucaristia,

"pela qual a Igreja continuamente vive e cresce[201]"

E em outro trecho do mesmo trecho, declara:

"em toda a comunidade reunida em torno do altar para o sacrifício, sob o ministério sagrado do Bispo, manifesta-se o símbolo daquela caridade e 'unidade do Corpo Místico, sem a qual não pode haver salvação'"[202].

E, por fim, no decreto "Unitatis Redintegratio"[203] afirma que Cristo instituiu o admirável sacramento da Eucaristia pelo qual a unidade da Igreja é significada e realizada. Nesta mesma linha afirma a Lumen Gentium n. 11 que os fiéis comungando do corpo de Cristo mostram de modo concreto a unidade do povo de Deus que

[198]PRESBYTERORUM ORDINIS. Ibid. n. 5.
[199] Ibid.
[200] SACROSANCTUM CONCILIUM. Ibid. n. 47
[201] Ibid. n. 26.
[202] Ibid.
[203] UNITATIS REDINTEGRATIO. Ibid. c. 1 n. 2.

maravilhosamente é realizada pelo augusto sacramento da Eucaristia[204]. Ressalta ainda o documento conciliar que a Eucaristia é a fonte e o ápice de toda vida cristã[205].

Os documentos do Concílio ressaltam também que a Eucaristia não somente simboliza, mas realiza a Igreja, ao mesmo tempo, que a Igreja celebra a Eucaristia. Além disso, mostram claramente os aspectos teológicos fundamentais e vitais constituivos, pensando a Eucaristia em seu aspecto de alimento, sacrifício, sacramento, sinal e símbolo que siginificam e realizam a Igreja e a edifica na unidade e caridade. A teologia conciliar resgata a tradição bíblica e patrística que contempla a Eucaristia a partir da Igreja e a Igreja a partir da Eucarística.

A Eucaristia é realmente a fonte da vida eclesial; da catequese, da evangelização e da liturgia; sacramento da comunhão e da caridade porque dispõe os membros fiéis a atitude de serviço gratuito em favor dos irmãos e irmãs; faz crescer na consciência de solidariedade uns para com os outros; em espírito de partilha e doação a exemplo da comunidade nascente onde a Eucaristia se encontrava no centro da Comunidade eclesial. Tudo isso é iniciativa do amor de Deus em sua condescendência para conosco; é dom da graça; que supõe fé e caridade, acolhida do dom, participação eucarística com devoção e dignidade como ressalta o doutor franciscano.

Portanto, não há sentido devoção ou celebração do culto eucarístico fora ou a margem da Igreja, da vivencia eclesial e do compromisso de fé em relação aos desafios que o mundo nos apresenta. A Eucaristia nos faz Igreja na caridade porque a mesma não nos fecha num individualismo narcisista e egoísta, mas nos abre a missão evangelizadora e transformadora diante dos desafios da cultura ou das culturas no mundo atual.

Conclusão

Segundo são Boaventura, a Eucaristia não é realidade paralela à Igreja, mas é o sacramento que figura e realiza a Igreja. O mistério da Eucaristia não se entende sem o mistério da Igreja e vice e versa. O sacrifício eucarístico é sinal e causa do corpo místico de Cristo. Neste sentido, o Senhor agindo por meio do sacramento constitui, santifica e edifica a Igreja.

---

[204] LUMEN GENTIUM. n. 11.
[205] Ibid.

Sendo um povo numeroso e diverso, foi conveniente um sinal externo que expressasse a comunhão de todos comendo de um mesmo alimento. Daí a necessidade vital da Eucaristia para a unidade de todo povo de Deus. Ainda não temos a visão plena e imediata da presença de Deus, mas através de inúmeros sinais, de modo especial pelos sinais eucarísticos do "pãos e do vinho" que simbolizam e realizam o verdadeiro corpo de Cristo. A Igreja ao celebrar este sacramento configura ao mesmo tempo a Igreja, corpo místico de Cristo. Entre todos os sacramentos, a Eucaristia é o que mais expressa a eclesialidade.

A Eucaristia é o alimento que segundo a providência, a sabedoria e a virtude divina foi gratuitamente dado como alimento à Igreja para alimentar os membros do corpo místico e fortalecer pela caridade o vinculo de união com Cristo e dos membros entre si. Neste sentido, a Eucaristia é o sacramento da unidade. Através dela se conseva o vigor, a vida e a unidade da Igreja. É um sacramento de conservação porque conserva a vida da graça ou a vida espiritual dos membros do corpo místico, a unidade com Cristo e a união entre si. A Eucaristia é o alimento que conserva a vida na caridade da Igreja.

É também o sacramento da comunhão (sacramento communionis) que segundo a sua eficácia e virtude une e incorpora os membros do corpo místico a Cristo cabeça e os membros entre si. Assim quanto mais se comunga dignamente e devotamente, pela fé e caridade, mais e mais os fieis são unidos e incorporados a Cristo e crescem humanamente e espiritualmente em união com Cristo e com os fiíes entre si. A Eucaristia é realmente o sacramento de comunhão, que conserva a comunhão e que faz crescer os membros em comunhão.

Em nossa reflexão não poderíamos deixar de falar da virtude da caridade na edificação vital do corpo místico. Tal pensamento expressa a originalidade de São Boaventura e a sua contribuição para a doutrina do nexo Igreja e Eucaristia. A caridade é a virtude formadora da comunidade, da comunhão e da solidariedade no corpo místico. Sem a caridade não há a eficácia da graça no sacramento da Eucaristia. Ela é o vínculo vital e profundo dessa relação dinâmica entre Igreja e Eucaristia. Sem ela não há Eucaristia, nem há Igreja.

A Eucaristia também é sacrifício de oblação. Porque Cristo continua a se oferecer a nós. Continua a se doar, perdoando os nossos pecados e a nos reconciliando com Deus-Pai. Como sacrifício, memorial da Paixão do Senhor, Cristo presente a sua Igreja opera de modo a unir todos os membros da Igreja consigo e dos membros entre si. Porque todos participam de um mesmo sacrífico. A Eucaristia é sacrifício da reparação, da unidade e da comunhão.

O doutor seráfico acentua também a presença do Espírito Santo que opera a caridade, estabelecendo assim a unidade, a comunhão, cooperação mútua e a solidariedade no corpo místico de Cristo. Sem a ação do Espírito Santo não há Eucaristia nem tampouco a Igreja. Cristo com o seu Espírito mediante o sacramento da Eucaristia gera a vida e a comunhão no corpo místico. Através do Espírito Santo, a graça do sacramento da Eucaristia flui sobre todos os membros da Igreja.

Os sacrametos da Eucaristia bem como todos os sacramentos realizam o que significam. Os sacramentos são canais da graça através deles Cristo e o seu Espírito operam a graça divina que santifica, constitui e manifesta a Igreja. A Eucaristia realiza a Igreja, ao mesmo tempo, que a Igreja realiza a Eucaristia. Daí a importância fundamental do simbolismo das espécies do pão e do vinho feitos de grãos e uvas puras. Eles expressam segundo a sua própria natureza a relação entre Igreja e Eucaristia. Falam da natureza da própria Eucaristia e da Igreja e da profunda relação entre ambas. As espécies do pão e do vinho expressam muito bem a realidade da Igreja. Segundo o doutor franciscano o simbolismo litúrgico e sacramental não somente figura, mas opera a eficácia dos sacramentos.

Outro aspecto teológico fundamental e vital para que haja aprofundamento na comunhão e na solidariedade no corpo místico e para que alcancemos não somente a unidade espiritual, mas também a paz social é comer ou comungar com dignidade, com consciência e amor, almejando alcançar a Cristo na Eucaristia. Este modo de participar ou comungar consciente e refletido segundo a fé e a caridade mostra que a eficácia da graça do sacramento se encontra também na atitude daquele que celebra o sacrifício eucarístico.

Entretanto, ressalta o doutor seráfico que não basta somente partipação exterior da Eucaristia, mas também preparação interior pela fé e pela caridade de modo que nos transformemos no alimento ao qual nos alimentamos e participamos. A Eucaristia ao edificar a Igreja pela graça requer de nós também o desejo de comungar na vida de Cristo. Logo, esta comunhão com Cristo supõe o amor, a compaixão e o serviço gratuito e desinteressado aos irmãos e irmãs, membros de seu corpo místico. Em suma, a comunhão em Cristo não é algo meramente passivo ou social, mas requer também a comunhão e a participação na vida da comunidade eclesial.

Em suma, a doutrina eucarístico-eclesiológica de são Boaventura, considerando os limites do tempo e do contexto em que foi escrito não perdeu a sua atualidade e nem tampouco o seu espírito franicscano.

Bibliografia

A. Fontes:

BONAVENTURA. *Opera omnia*, 10 vol. Quaracchi, 1882-1902.

t. 1: In I Libr. Sent. (1882)

t. 2: In II

t. 3: In III

t. 4: In IV

t. 5: Opuscula varia (1891)

t. 6: Comm. In S. Scripturam (1893)

t. 7: Comm. In Evangelium S. Lucae (1895)

t. 8: Opuscula varia ad Theologiam mysticum et res ordinis fratrum minorum spectantia (1898).

t. 9: Sermones de tempore, de sanctis, de B. Virgine Maria et de diversis (1901).

t. 10: Operum omnium complementum (1902).

BUENAVENTURA. *Obras de São Boaventura* da BAC, ed. bilíngüe (trad. espanhola):

Obras de San Beunaventura, t. I, 1ª. ed., Madrid: BAC 1945.

Obras de San Buenaventura, t. II, 3ª. ed., Madrid: BAC 1967.

Obras de San Buenaventura, t. III, 1ª. ed. Madrid: BAC 1945;

Obras de San Buenaventura, t. IV, 1.a ed. Madrid: BAC 1947;

Obras de San Buenaventura, t. V, 1ª. ed. Madrid: BAC 1948

Obras de San Buenaventura, t. VI, 1ª. ed. Madrid: BAC 1947;

B. **Referências:**

MAIO, Maria Teresa, *La eucaristía: sacrifico, sacramento y viático según san Buenaventura,* in: Miscellanea francescana. Roma, t. 101, fasc. III-IV, 2001, p. 433-494.

________, *Sacramento de la Eucaristía: Sacrificio de oblación segun san Buenaventura,* in: Miscellanea Francescana. Roma, n. 102, 2002, p. 17-71.

_________, *Sacramento de la eucaristia: sacramento de comunión según san Buenaventura.* Roma, Antoniamum, n. 79, 2004, p. 03-43

________, *L'Eucaristia segno sacramentale ed efficace dell'unità della chiesa nel pensiero di san bonaventura.* Roma, Miscellanea francescana, n. 105, p. 03-20.

COSTA, Francesco, *Simbolismo della presenza eucaristica in s. Bonaventura,* in: San Bonaventura maestro di Vita francescana e di sapienza Cristiana, t. II, Roma: Ponteficia Facoltà Teologica san Bonaventura, 1976, p. 381-395.

BERRESHEIM, H. *Christus als haupt der Kirche nach dem heiligen Bonaventura,* Antiquariat Th. Stenderhoff, Münster, 1983.

MERINO, José Antonio y FRENESDA, Francisco Martinez (org.). *Manual de Teología Franciscana,* Madrid: BAC, 2003

NGUYÊN-VAN-KHANH. Nobert. *Le Christ dans la pensée de saint François d'Assis d'aprés ses écrits, Paris: ed. franciscaines,* 1989.

SILIC, Rufin. *Christus und die Kirche Ihr Verhältnis nach der lehre des heiligen Bonaventura,* Breslau: Verlag: Müller e Seiffert, 1938, p. 189-204.

C. Documentos

VIER, Frederico (coord.). COMPENDIO DO VATICANO II, *Constituições, decretos, declerações,* 29ª. ed. Petrópolis: Vozes, 2000.

SIGLAS:

In I, II, III, IV Sent. Comentário às sentenças do mestre Pedro Lombardo;
In Ioan: Comentários ao evangelho de João;
In Luc: Comentários ao evangelho de Lucas;
Regn. Dei: Sermão sobre o Reino de Deus;
DSSt: Conferencias sobre os sete dons do Espírito Santo;
Itin.: Itinerário da mente para Deus;
Brev.: Brevilóquio;
Hex.: Conferencias sobre o hexäemeron (os seis dias da criação);
M. Trin.: Questões disputadas sobre o mistério da Trindade;
Perf. ev. Questões de perfeição evangélica;
Sc. Chr.: Conferências sobre a ciência de Cristo.
Praep. miss.: Sobre a Preparação para a Missa;
Lig. vit: A árvore da vida;
Red. Art.: Sobre a redução das artes à teologia;
Tripl. Via: As três vias;
Solil.: Soliloquio;
Vit. myst.: Vida mística.
Serm.: Sermões.
Serm Fer. in Coena Domini: sermão na Quinta-Feira da Ceia do Senhor.
Serm. CorChr: sermão sobre o corpo de Cristo;
De Ann. B. Virg. M.: Da anunciação da bem-aventurada Virgem Maria;
Dom. Post Pent: Domingo depois de Pentecostes;
Serm. Chris. Magis.: Cristo, mestre de todos;
Feria Sexta In Parasceve: Sermão na sexta-feira santa;
In Circum. Dom.: Sobre a circuncisão do Senhor;
Sermo dom. quarta in quadragessima: Sermão do quarto domingo da quarema;
Pent. Sermo: Sermão para a festa de Pentecostes;
1C: Primeira vida de são Francisco de Tomás de Celano.
LM: Legenda maior de são Boaventura.

Printed by Books on Demand GmbH, Norderstedt / Germany